Michael Felten

Schule besser meistern

HERDER spektrum

Band 5610

Das Buch

Unsere Kinder könnten beim Lernen erfolgreicher sein, und die Eltern selbst können neue Weichen stellen: Schulkinder brauchen mehr elterliche Präsenz und Aufmerksamkeit, als es heute vielfach üblich ist. Sie verlangen nach mehr Ansporn und Anspruch, und sie wünschen sich mehr Orientierung und Struktur. Deshalb legt dieses Buch Müttern und Vätern drei Grundsätze ans Herz:

- Mehr emotionale Zugewandtheit verstärkt den inneren Halt („tiefere Wurzeln").
- Vielfältigere Herausforderungen fördern die Entfaltung („schönere Früchte").
- Selbstbewusstere Autorität steigert Belastbarkeit und Reife („festerer Stamm").

Diese Grundsätze werden an den typischen Problemfeldern zwischen Schule und Elternhaus anschaulich gemacht: Umgang mit Hausaufgaben, Lob und Kritik, Reaktion auf Klassenarbeiten, Zusammenarbeit mit den Lehrern, Wahl der Schule. Aber auch indirekte Lerneinflüsse kommen zur Sprache: Familienklima, Videokonsum, die Mitarbeit im Haushalt. Insgesamt wird eine lernförderliche Erziehungshaltung angeregt, die ernst macht mit den wichtigsten Erkenntnissen aus Entwicklungspsychologie und Hirnforschung. – Der Ratgeber für alle Eltern mit Schulkindern – ermutigend, konkret und ganz praktisch.

Der Autor

Michael Felten, Jahrgang 1951, Lehrer, seit 25 Jahren im Schuldienst; verheiratet, eine Tochter; Autor von *„Kinder wollen etwas leisten"* (Kösel-Verlag) und *„Neue Mythen in der Pädagogik"* (Auer-Verlag). Kontakt: mfelten@hmg-koeln.de

Michael Felten

Schule besser meistern

Kinder herausfordern und ermutigen

HERDER

FREIBURG · BASEL · WIEN

Originalausgabe

Gedruckt auf umweltfreundlichem,
chlorfrei gebleichtem Papier

Alle Rechte vorbehalten – Printed in Germany
© Verlag Herder Freiburg im Breisgau 2006
www.herder.de
Satz: Dtp-Satzservice Peter Huber, Freiburg
Herstellung: fgb · freiburger graphische betriebe 2006
www.fgb.de
Umschlaggestaltung und Konzeption:
R·M·E München / Roland Eschlbeck, Liana Tuchel
Umschlagmotiv: Hartmut W. Schmidt
Autorenfoto: © Michael Euler-Ott
ISBN-13: 978-3-451-05610-9
ISBN-10: 3-451-05610-0

Inhalt

1. Schule als Nebensache?

Deutschlands Jugendliche können nur recht mittelmäßig lesen und rechnen, das wissen wir aus den verschiedenen Bildungsstudien mittlerweile zur Genüge. Und es beunruhigt uns, schließlich ist uns der Schulabschluss unseres Kindes nicht gleichgültig. Oder seine Chancen auf dem Arbeitsmarkt. Dabei haben uns die Untersuchungen nicht einmal wirklich überrascht. Hatten wir nicht oft den Eindruck, die Schule würde zu wenig verlangen, die Hausaufgaben seien immer so schnell erledigt, die Hefte so liederlich geführt? Jetzt hoffen wir natürlich, dass die Kultusminister sich an die Arbeit gemacht haben und sich bald einiges ändert. Solange muss man sich wohl notgedrungen gedulden.

Aber ist das wirklich alles? Kann man eigentlich nicht mehr tun als abwarten? Erlauben wir uns doch einen Moment Nachdenklichkeit, vielleicht morgens in der Straßenbahn. Dort spricht der Alltag nämlich Bände.

Es ist 7.07 Uhr, Linie 16 Richtung Stadtmitte; Angestellte auf dem Weg ins Büro, übermüdete Nachtschichtler, Schüler. Da, in der Viererbank ist noch ein Platz frei. Ich setze mich neben eine ein wenig verschlafen wirkende Jugendliche, auf ihren Knien ein aufgeschlagenes Rechenheft, darunter ein Mathebuch für 10. Klassen am Gymnasium. Sie fragt ihre Freundin gegenüber: „Wieviel ist drei Viertel?" Die tippt bereitwillig auf ihrem Handy herum, nach einiger Zeit kommt „Null Komma sieben fünf". Meine Nachbarin erkundigt sich weiter: „Und vier Drittel – ich bin echt zu faul, das selbst zu überlegen?" „Eins Komma drei", lautet – nach erneutem Eintippen – die Antwort. Die Bahn hält, ein hochgeschossener Junge steigt ein und stellt sich dazu. „Hast Du das eigentlich kapiert in Mathe?", fragt ihn meine Nachbarin und blickt von ihrer noch weitgehend leeren Zahlentabelle auf. „Irgendwie nicht richtig, und so früh am Morgen schon gar nicht", lässt der sich vernehmen. Sie gähnt zustimmend, schließt ihr Heft und resümiert beinahe zufrieden: „Also ich hab' sowieso kein' Bock, und überhaupt kontrolliert der das ja doch nicht." Kurze Pause. Nun erkundigt er sich: „Was habt ihr denn gestern so gemacht?" „Och, wir waren im Piercing-Studio", meine Nachbarin wird plötzlich deutlich wacher. „Darfst Du das denn, ich meine, so von Deinen Eltern her?" „Na ja, die sind doch sowieso kaum da, und überhaupt vertrauen die mir, also wir kommen ziemlich gut klar." Schade, mehr bekomme ich nicht mehr mit, ich muss umsteigen.

Auf den ersten Blick mutet die kleine Szene ganz alltäglich, beinahe ein wenig harmlos an. Bei genauerem Hinsehen wirft sie indes ein grelles Licht darauf, warum Deutschland in den internationalen Vergleichstests so enttäuschend abgeschnitten hat. Und man beginnt zu ahnen, dass wir selbst einiges in der Hand hätten, damit unsere Kinder die Schule besser meistern.

Die Kenntnisse vieler Schüler:
auffallend unterentwickelt

Die junge Frau neben mir besucht wohl regelmäßig den Mathematikunterricht einer zehnten Klasse, obwohl sie noch nicht einmal weiß, wie man eine kleine Wertetabelle ausfüllt. Dabei wird sie diesen Sachverhalt spätestens in der 8. Klasse kennengelernt und seither immer wieder angetroffen haben – nun würde man erwarten, dass sie die einfache Technik kurz vor Eintritt in die Oberstufe, die Schlussetappe zum Abitur, selbstverständlich beherrscht.

Ein Teil ihrer Schwierigkeiten reicht aber noch weiter zurück: Bei einem relativ einfachen Bruch wie $3/4$ oder $4/3$ weiß sie nicht oder nur mit Mühe, wieviel das eigentlich ist; zwar wird sie in der 6. Klasse erfahren haben, dass man bei $3/4$ an Kuchen oder Pizza denken sollte, von dessen vier gleichgroßen Teilen man drei essen dürfe; aber sie wird eben schon jahrelang auf eigenes Denken verzichtet und selbst für einfachste Rechnungen den Taschenrechner benutzt haben. Deshalb fällt ihr auch nicht auf, dass $4/3$ nicht dasselbe wie 1,3 sein kann, irgendwelche Eintippfehler würde sie ebenfalls nur zufällig bemerken – aber was soll's, so die scheinbar unbeschwerte jugendliche Grundmelodie, ist doch eh' egal, schert sowieso keinen. „Wissen ist Macht", diese alte, eine Zeitlang gar kulturrevolutionäre Parole kümmert sie wenig – anscheinend lebt sie nach der Devise „Nichts wissen – macht auch nichts".

Die Lernfreude vieler Heranwachsender:
eigentümlich gedämpft

Eine vermutlich Sechzehnjährige besucht die angesehenste Schulform ihres Landes, findet aber offenbar nichts dabei, die Mühen der häuslichen Nachbereitung schlicht zu verweigern. Niemand scheint dagegen einzuschreiten, vielleicht wird es nicht einmal von irgend jemandem bemerkt. Dabei ist es doch eine Binsenweisheit, dass sich die im Unterricht womöglich angebahnten Einsichten ohne eigenständiges Training nach kurzer Zeit wieder verflüchtigen – und weitere Lernschritte dann auf Sand gebaut sind. Müde fährt das schon recht erwachsen wirkende Mädchen dem Schulvormittag entgegen – gut möglich, dass sie bis tief in die Nacht hinein in ihrem Zimmer noch ferngesehen oder gechattet hat. Aber ihre Apathie drückt mehr aus, nämlich ein generelles Desinteresse an allem, was nicht unmittelbar der altersspezifischen Kommunikation dient. Sie hat zudem keine Scheu, Arbeit, die eigentlich sie zu erledigen hätte, der Freundin aufzubürden, die ihr diesen vermeintlichen Freundschaftsdienst auch nicht verweigern mag – wer will schon unkollegial erscheinen? Kaum anders der junge Mann – er hatte den Stoff zwar wohl verstanden, mochte dies aber anscheinend nicht zugeben. Ob aus mangelnder Hilfsbereitschaft, aus einer Konkurrenzhaltung heraus oder weil er selbst nicht als Streber dastehen wollte, blieb unklar. Aber zu sagen „Mach' doch deinen Kram selbst!", das hat er sich jedenfalls nicht getraut.

Die Haltung vieler Lehrer: unnötig genügsam

Der Lehrer kontrolliere die Hausaufgaben ja ohnehin nicht, hören wir – und können weiterdenken: Vielleicht ist es einer der älteren Pädagogen, schon ein wenig ausgebrannt von den immer schwierigeren „neuen Kindern", der ständig wachsenden Klassengröße und der immer mal wieder aufgestockten Anzahl an Unterrichtsstunden? Oder einer in den mittleren Jahren, so um die 50, fachlich und methodisch selbst noch gut ausgebildet, aber dem romantischen Glauben verfallen, man dürfe jungen Menschen die Lust am Lernen auf keinen Fall durch Zwang verderben? Der deshalb nur ungern Hausaufgaben aufgibt, der Frontalunterricht als Frühform des Totalitarismus ansieht und der angesichts von Klausuren vor allem Mitleid mit den Kindern hat? Einer, der stur darauf schwört, die Schüler wären besser, wenn man ihnen nur mehr Selbständigkeit zugestehe, obwohl vernachlässigte und videogeschädigte Jugendliche dazu immer weniger in der Lage sind? Ist der Verdacht von der Hand zu weisen, dass die vielbeklagte Bildungsnot ganz wesentlich auf einer Art Selbstblockade vieler Lehrer beruht?

Die Einstellung vieler Eltern: sonderbar anspruchslos

Der Wortwechsel der jungen Leute deutet die häusliche Atmosphäre zwar nur an, dennoch entfaltet sich bereits ein vielsagendes Bild. Die Eltern seien viel beschäftigt und häufig abwesend, sie würden ihrer Tochter jedoch vertrauen, hieß es. Eine zunehmend verbreitete Situation, die in wohlklingende Worte gekleidet wird, aber ihre Fallstricke hat: Für viele Heranwachsende bedeutet die ihnen zugemutete Selbständigkeit nämlich vor allem Überforderung und Vereinsamung. Viele Eltern nehmen sich (oder haben) ganz einfach zu wenig Zeit, am ‚Beruf' ihres Kindes angemessenen Anteil zu nehmen, sich also dafür zu interessieren, was es in der Schule erlebt und welche Hausarbeiten zu erledigen wären. Sie können also nicht eingreifen, wenn der Nachmittag mit Rumhängen oder Rausgehen verstreicht. Was sie nicht nur bedauern, bleibt ihnen doch so mancher Konflikt mit den Heranwachsenden erspart. Dabei weiß jeder, wie schwer es gerade Jugendlichen fällt, sich Mühen zu unterziehen, deren Lohn irgendwo in der Zukunft liegt, wo die Vergnügungen doch jetzt gleich locken. Viele Eltern haben auch schon in früheren Jahren versäumt, die Interessen ihres Kindes hinreichend anzuregen, seine Fähigkeiten genügend herauszufordern und sein Durchhaltevermögen zu trainieren. Womöglich haben sie ihm – vielfach ist es ja das einzige, entsprechend gehätschelte – immer schon weitaus mehr Steine als nötig aus seinem Entwicklungsweg geräumt. Ist es da wirklich ein Wunder, dass ihr Kind nun ebenso anspruchsvoll wie desinteressiert und ohne viel Ehrgeiz dasteht? Drängt sich nicht die Vermutung auf, dass der Schulmisere hierzulande ein untergründiger Erziehungsnotstand vorausgeht?

Eine Krise der Jugend gibt es nicht!

Bahnabschreiben statt Hausaufgaben – die geschilderte Szene ist nur ein Beispiel von vielen dafür, dass Schule in Deutschland lange Zeit zu einer Art Nebensache verkommen war. Dieses den jungen Menschen selbst vorzuwerfen, wäre allerdings ein Kurzschluss. Geht es ihnen nicht wie dem Wald, in den wir Erwachsenen mit falscher

Stimme hineingerufen haben? Die Sechzehnjährige in der Bahn ist nicht einfach faul. Sie ist nur nicht daran gewöhnt worden, dass Lernen nun einmal Arbeit bedeutet und selbstverständlich erledigt werden muss. Vielleicht hat ihr auch niemand geholfen, am Ball zu bleiben, wenn das Lernen einmal schwierig oder anstrengend wurde. Und sie lag schlichtweg im Trend – die meisten ihrer Altersgenossen taten schließlich auch höchstens das Nötigste.

Die Schule als lästiges Beiwerk eines ansonsten ganz erträglichen Lebens – diese Einstellung vieler Heranwachsender ist also nicht die Ursache der Bildungsmisere, sondern selbst bereits Wirkung. Und zwar weniger davon, dass unsere Schulklassen zu groß wären, die Lernmethoden hoffnungslos veraltet seien oder wir zuwenig Gesamtschulen hätten. Sondern weil vielerorts in den pädagogischen Beziehungen etwas Grundlegendes nicht mehr stimmt. Da sind zum einen viele Schulen, die ihre Ansprüche schleichend abgeschwächt, und manche Lehrer, die innerlich resigniert hatten. Auf Hausaufgaben verzichten, keine Gedichte auswendig lernen, leichtere Klassenarbeiten, kein Schönschreiben mehr, auch ohne Eignungsprognose aufs Gymnasium wechseln, Versetzung auch in aussichtslosen Fällen – die Litanei falsch verstandener Kinderfreundlichkeit ließe sich lange fortsetzen.

Mindestens ebenso wichtige Wurzeln für die landesweite Lernschwäche liegen indes im häuslichen Bereich. Viele Mütter hoffen, dass es in der Grundschule möglichst lange spielerisch zugeht. In der Pubertät haben auch Väter vollstes Verständnis dafür, dass junge Leute ganz andere Dinge im Kopf haben als Grammatik oder Pythagoras.

Und spätestens in der Oberstufe findet kaum jemand etwas dabei, wenn Jugendliche jeden Nachmittag jobben oder sich am Wochenende bei ‚Party rund um die Uhr' entspannen. Was Eltern dagegen eher auf die Barrikaden treibt, ist die Sorge, die Kinder könnten zu viele Hausaufgaben bekommen, oder zwei Tests in einer Woche seien entschieden zu stressig. Und diese Schonhaltung ist ja nicht auf das Schulische beschränkt: Immer seltener stellen Eltern den Anspruch, dass auch die Kinder tatkräftige Mitarbeiter im Team Familie sein sollten. Stattdessen werden die Jungen von den Alten rund um die Uhr bedient und unterhalten – oder vor die Mattscheibe abgeschoben. Und immer häufiger wird der Familienausflug – wenn es ihn überhaupt noch gibt – vorzeitig abgebrochen, weil es den Kleinen zu steil oder zu weit oder zu heiß ist. Manchmal kommt es einem so vor, als habe sich in Deutschland flächendeckend eine Pädagogik der Ermäßigung etabliert. Darf es einen da überhaupt erstaunen, wenn unsere Jugendlichen in den Schulleistungsvergleichen kaum den internationalen Durchschnitt erreichten? Und bei Bewerbungen in Firmen oder Hochschulen nur mäßige Karten haben?

Dieses Buch vertritt die Auffassung, dass es die vielbeklagte Krise der Jugend eigentlich gar nicht gibt. Es ist vielmehr eine Krise der Pädagogik, die im deutschsprachigen Raum grassiert, eine substanzielle Irritation vieler Erwachsener in ihrer Einstellung zur jüngeren Generation. Fordernden Kindern gibt man lieber nach als sie zu kränken; man verwöhnt sie lieber, als sie zu überfordern; man ist lieber tolerant, als ihnen Unrecht zu tun; es erscheint einem überhaupt fraglich, was und wieviel Erwachsene der jüngeren Generation zu sagen haben. Über die Hälfte aller Eltern empfindet sich mittlerweile beim täglichen Erziehungsgeschäft erheblich irritiert. Jede dritte Familie verzichtet deshalb bei größeren Kindern auf jede dezidierte Anleitung – so groß ist die Angst, etwas falsch zu machen.

Anscheinend hat das Jahrhundert des Kindes zwar das Verständnis für junge Menschen vertieft, gleichzeitig aber viele Erzieher ihres Selbstbewusstseins beraubt. So konnte sich in Familien und Schulen ein Klima der Zurückhaltung, der Verschonung und der Konfliktvermeidung etablieren. Konkret gesagt: Wir kümmern uns zuwenig um die Heranwachsenden, wir fordern ihre Fähigkeiten zu wenig heraus und wir muten ihnen zuwenig Belastungen zu. Kein Wunder also, wenn junge Menschen sich vermehrt allein gelassen, unterfordert und orientierungslos fühlen. Insbesondere das schulische Lernen hat unter dieser pädagogischen Enthaltsamkeit erheblich gelitten. Ein tragisches Beispiel für die sprichwörtliche Logik des Misslingens: Was als Befreiung der jungen Generation gedacht war, geriet zu einer neuerlichen Belastung für diese. Salopp formuliert: Wir haben das Kind mit dem Bade ausgeschüttet.

Der Gedanke, dass die Leistungsschwäche der Jugend vor allem auf das Konto von uns Erwachsenen geht, mag manchen zunächst enttäuschen. Wie beruhigend wäre es, wenn der PISA-Schock mit einem selbst nichts zu tun hätte und nur die anderen beträfe. Die öffentlichen Kassen etwa, die die Ausgaben für den Bildungsbereich doch endlich steigern und für kleinere Klassen oder bessere Ausstattung sorgen sollten. Oder die Bildungspolitiker, die doch nur alle Schulen in Gesamtschulen umwandeln müssten, damit unsere Kinder so erfolgreich wie die in Finnland oder Japan würden. Dabei hat das gute Abschneiden der sogenannten Siegerländer wenig mit deren Bildungsfinanzen und gar nichts mit deren Schulstruktur zu tun, sondern mit dem dortigen pädagogischen Klima.

Die Verantwortung hingegen auch bei sich selbst zu suchen, fällt natürlich schwerer. Es drohen Vorwürfe, man wittert zusätzliche Belastungen, das würde man am liebsten von sich weisen. Dabei hat solche Selbstbeteiligung doch auch eine tröstliche, ja eine geradezu ermutigende Seite: Wenn nämlich *wir* es sind, die etwas zum Argen beigetragen haben, dann haben auch *wir* einiges in der Hand, die Dinge zum Besseren zu wenden. Deshalb handelt dieses Buch davon, was Eltern selbst und sofort tun können, wenn sie möchten, dass ihre Kinder in der Schule zufriedener und erfolgreicher werden – gleich ab morgen, in jeder Familie.

Zum einen sollten Mütter und Väter sich öfter daraufhin prüfen, inwieweit auch sie vom Bazillus der pädagogischen Enthaltsamkeit befallen sind:

- der gängigen Euphorie, Kinder allzu früh sich selbst zu überlassen;

- der geläufigen Neigung, Kindern bewältigbare Schwierigkeiten abzunehmen;

- dem verbreiteten Zweifel, wieviel Erwachsene Kindern überhaupt zu sagen hätten;

- der erheblichen Scheu, Erwartungen zu vertreten und sich konsequent zu verhalten.

Denn es sind genau diese erzieherischen Verunsicherungen, die bei vielen Kindern Freude und Fortschritt beim Lernen erheblich beeinträchtigt haben. Und es sind auch genau diese Irrtümer, die vielen Eltern das an sich so reizvolle Leben mit ihrem Nachwuchs so mühselig gemacht und unnötig überschattet haben.

Zum anderen können Eltern auf drei Ebenen aktiv werden, um ihre ganz private Bildungsreform in Angriff zu nehmen – und sie müssen dafür auf niemanden warten:

- „Tiefere Wurzeln"
  Größere Zugewandtheit gibt ihren Kindern mehr innere Sicherheit.

- „Schönere Früchte"
  Vielfältigere Herausforderungen fördern die Entfaltung ihrer Kinder.

- „Festerer Stamm"
  Selbstbewusstere Autorität verleiht ihren Kindern mehr Belastbarkeit und Reife.

Eine solche Erziehungshaltung wird die junge Generation zuversichtlicher stimmen und ihr ein optimistischeres Lebensgefühl mitgeben, ihr quasi „Flügel verleihen". Und genau das ist es, was junge Menschen heute bei ihren Eltern vermissen, wonach sie sich – wenn auch meist unausgesprochen – sehnen. Deshalb kommen in diesem Buch auch die Kinder und Jugendlichen selbst zu Wort – und was sie äußern, das verblüfft. In Gesprächen und Befragungen lassen sie nämlich durchblicken, dass sie zu kurz kommen, wenn Erwachsene sich darauf beschränken, sie in materieller Hinsicht gut zu versorgen – und ansonsten weitgehend sich selbst zu überlassen. Die junge Generation weist uns darauf hin, dass wir seit geraumer Zeit zwei tiefliegende Bedürfnisse bei ihr unerfüllt lassen – das nach größerer Aufmerksamkeit und das nach verstärkter Konfrontation. „Mehr Zeit und größere Zumutungen", so könnte man die Botschaft zusammenfassen. Ein Blick auf den aktuellen Stand in Entwicklungspsychologie und Hirnforschung, den Bezugswissenschaften der Pädagogik, bestätigt diesen überraschenden, fast ein wenig altmodisch anmutenden Befund. Und man beginnt zu ahnen, warum manch progressiv klingendes Erziehungskonzept bislang in Enttäuschung und Ernüchterung endete. Gut gemeint und wohl klingend, das ist eben oft etwas anderes als gut gekonnt und wohl geraten.

Bei alledem geht es übrigens um weit mehr als nur die Verbesserung von persönlichen Schulnoten oder nationalen PISA-Bilanzen. Natürlich macht man sich als Eltern zunächst einmal Gedanken darüber, dass die eigenen Kinder möglichst gute Abschlusszeugnisse oder Arbeitsplätze bekommen. Aber auch die Zukunft der gesamten Gesellschaft steht auf dem Spiel. Die Heranwachsenden von heute sind schließlich die Träger des Allgemeinwohls von morgen. Von ihrer Intelligenz, ihrer Leistungsfähigkeit, ihrer Kreativität hängt auch unser zukünftiges wirtschaftliches Wohlergehen ab. Und sollen sie nicht dereinst uns heutigen Erwachsenen zur Seite stehen, wenn wir selbst einmal hilfsbedürftig geworden sind, sei es durch Sozialversicherungsbeiträge, sei es durch pflegende Betreuung? Eine Generation aber, die nur schwach verwurzelt und wenig belastbar ist, würde ihre gealterten oder gebrechlichen Vorfahren nur ungern lange durchfüttern wollen, ob nun die eigenen Eltern zu Hause oder fremde alte Menschen im Krankenhaus. Auch der Fortbestand demokratischer Zustände in unserem Land dürfte wohl niemandem gleichgültig sein. Ein freiheitlicher Rechtsstaat hat aber nur dann Bestand, wenn seine Mitglieder gelernt haben, soziale Regeln auch dann zu akzeptieren, wenn sie ihnen nicht in den privaten Kram passen.

Kinder emotional wieder tiefer verwurzeln, sie auf breiter Front herausfordern und sie in einem grundsätzlichen Sinne ermutigen – das ist also keineswegs ein Programm zur Erzeugung von egoistischen Leistungsrobotern. Es handelt sich vielmehr um die Leitlinien einer ganzheitlichen Persönlichkeitsreifung. Und niemand muss befürchten, unter der Parole „Mehr Zeit und mehr Zumutung" schlüge das Pendel der Pädagogik zurück in alte Zeiten – es findet so vielmehr seine Goldene Mitte. Denn gute Erziehung ist die Kunst, zugewandt und gleichzeitig herausfordernd zu sein. Und das ist nicht nur für Kinder beglückend, sondern auch für das Leben mit ihnen.

Eines will dieses Buch allerdings nicht bieten: eine Rezeptsammlung. Dazu sind familiäre Erziehungssituationen zu unterschiedlich – und zu komplex. Mein Wunsch war vielmehr, aus der Perspektive des „gestandenen Schulmannes" heraus zum Nachdenken über verblasste pädagogische Weisheiten anzuregen. Wer nämlich im Geiste erst einmal zu einer selbstbewussten Elternrolle gefunden hat, dem wird die richtige Antwort, die sinnvolle Maßnahme, das passende Gefühl in der einzelnen Situation gewiss ein Stück leichter fallen.

2. Wo heute die Schwächen unserer Kinder liegen

Der Blick der Älteren auf die Jüngeren ist nicht selten skeptisch. Sie könnten immer weniger, sie wüssten nicht was sie wollten, sie ließen sich kaum noch etwas sagen, benähmen sich zunehmend unverschämter. Diese Klage sei aber nichts Neues und besage deshalb wenig, sagen andere und wiegeln ab, schon Platon habe über die Verderbtheit der nachfolgenden Generation geklagt. Die Probleme seien heute gleichwohl größer, beharren manche, sie hätten eine neue Dimension erreicht. Das Verhältnis der Generationen als Ganzes sei nämlich durcheinander geraten: Die Alten gedächten ewig jung zu bleiben, während die Jungen gar nicht erst erwachsen werden wollten.

Ob die Jugend als solche schlechter geworden ist, ist schwer zu sagen – für eine derart diffuse Aussage gibt es natürlich keinen tragfähigen Maßstab. Eines aber haben die verschiedenen Schulleistungsstudien des letzten Jahrzehnts durchaus ans Tageslicht gebracht: Beim Lernen befinden sich viele Kinder in Deutschland durchaus im Rückstand. Und das ohne Not. Denn eine große Zahl derer, die derzeit mit durchschnittlichen oder schwachen Noten von Zeugnis zu Zeugnis dümpeln, könnte eigentlich viel bessere Leistungen erzielen. Und mancher, der heute zwar ganz gute Zensuren erntet, das Lernen aber eher lustlos anpackt, würde bei größerer Begeisterung gut und gerne zur Spitzengruppe gehören.

Für die Lehrerschaft war es schon seit längerem kein Geheimnis, dass die Leistungen der Schüler in Deutschland einiges zu wünschen übrig lassen. Wachsende Unsicherheit beim Rechnen, zunehmend fehlerhafte Rechtschreibung, immer größere Verständnisschwierigkeiten – eine Klassenarbeit von 1970 mochte man dreißig Jahre später niemandem mehr mit gutem Gewissen vorlegen. Aber erst die Ergebnisse von PISA haben es geschafft, eine breite Öffentlichkeit für die desolate Lage in deutschen Schulzimmern zu interessieren. PISA, das ist die Kurzbezeichnung der internationalen Vergleichsstudie „Programme for International Student Assessment", die im Jahr 2000 das höchst mäßige Leseverständnis deutscher Jugendlicher auf die Titelseiten der Zeitungen und die Bildschirme in allen Wohnzimmern brachte. Und so ist seit fünf Jahren der schiefe Turm in Mittelitalien zu einem verbreiteten Sinnbild für den Bildungsnotstand in Deutschland geworden.

Schon 1995 hatte eine Untersuchung namens TIMSS („Third International Mathematics and Science Studies") ähnliche Befunde zu Tage gefördert. Und neuerdings hagelt es geradezu Bildungsstudien – beinahe im Jahrestakt: IGLU, LAU oder MARKUS, so lauten einige der Kurzbezeichnungen. Sie stimmen in vielen Feststellungen überein, setzen allerdings teilweise auch unterschiedliche Schwerpunkte. Meist wird nicht nur der Leistungsstand der Schüler in verschiedenen Bereichen erhoben, es werden auch die Umstände des schulischen Lernens sowie Daten zur familiären Herkunft erfragt. Einige Kernaussagen dieser Untersuchungen sollen die Lage noch einmal nüchtern umreißen.

Die Viertklässler

Viele Viertklässler in Deutschland können vergleichsweise gut lesen, und sie sind naturwissenschaftlichen Phänomenen gegenüber aufgeschlossen. Dabei gibt es zwischen Mädchen und Jungen keine nennenswerten Unterschiede. Allerdings hat ein Fünftel der Kinder am Ende der Grundschule gravierende Lücken in Mathematik und Rechtschreibung, weitere 40% wiesen bedenkliche Lücken auf, die leicht behebbar wären. Dabei schwächeln die Mädchen vor allem im Bereich mathematischer Fertigkeiten, während die Jungen bei den orthografischen Kompetenzen besonders unbefriedigend abschneiden.

So läßt sich die bekannteste Untersuchung des Leistungsstandes von Grundschulkindern, kurz IGLU genannt, zusammenfassen. Sie machte auf zwei bemerkenswerte Problemfelder der Schulsituation in Deutschland aufmerksam. Zum einen hängt das Fähigkeitsniveau eines Kindes hierzulande stärker als in vielen anderen Staaten vom sozialen Status seiner Familie ab. Die Schulen leisten also bislang zuwenig individuelle Förderung, um etwa den sprachlichen Rückstand eines Mechanikerkindes im Vergleich zum Spross eines Journalisten auszugleichen. Zum anderen ist die schulische Laufbahnberatung nicht selten zu wenig professionell. So sprechen die Grundschullehrer häufig Empfehlungen zu weiterführenden Schulen aus, die nicht zu den tatsächlichen Fähigkeiten der Schüler passen. Eine Reihe von Schülern wechselt also zur Hauptschule, obwohl sie gymnasial geeignet gewesen wären; dagegen hätte das Niveau mancher Fünftklässler am Gymnasium eigentlich einer Real- oder Hauptschule entsprochen.

Einige Details zu IGLU

Die Internationale-Grundschul-Lese-Untersuchung (IGLU) wurde im April 2003 veröffentlicht und war der deutsche Teil der weltweiten PIRLS-Studie (Progress in International Reading Literacy Study), an der 147 000 Schüler aus 35 Staaten teilnahmen. Die Untersuchung bezog zwar auch das naturwissenschaftliche Verständnis, die mathematischen Fähigkeiten sowie die Rechtschreibkenntnisse der Kinder ein. Schwerpunktmäßig ging es jedoch darum, das *Leseverständnis* von Viertklässlern zu erfassen und zu vergleichen. Dabei mussten die Kinder zu den unterschiedlichsten Lesetexten Fragen beantworten, teils durch Ankreuzen (multiple-choice), teils durch eigene Formulierungen. Die einzelnen Aufgaben entsprachen verschiedenen Kompetenzstufen: Als einfachste Leistung galt das Erkennen von Wörtern in einem Text (Stufe I). Weniger leicht war es, angegebene Sachverhalte aus einer Textpassage zu entnehmen (Stufe II). Noch größere Ansprüche stellte das Erschließen von nicht offen ausgesprochenen Sachverhalten aus dem Textzusammenhang (Stufe III). Das höchste Niveau erreichte, wer mehrere Textpassagen sinnvoll miteinander in Beziehung setzen konnte (Stufe IV).

Die deutschen Schüler lagen im Durchschnitt deutlich über dem internationalen Mittelwert, nämlich an 11. Stelle. Allerdings hatten bei IGLU auch viele Schwellenländer teilgenommen. Hinzu kommt, dass deutsche Kinder wegen ihrer späten Einschulung zum Untersuchungszeitpunkt älter waren als die Kinder in vielen Vergleichsländern – sie müssten also eigentlich besser abschneiden. Begrenzte man den Vergleich auf europäische Staaten, so erreichte Deutschland auch nur noch einen mittleren Wert. Jedes zehnte Kind kam dabei über die Kompetenzstufe I nicht hinaus, wobei ein solcher Anteil an Risikokindern auch in anderen Ländern üblich ist. Ein weiteres knappes Drittel allerdings konnte die Stufe II nicht überschreiten, hier konstatierten die Forscher bereits erheblichen Nachholbedarf. Und geradezu besorgniserregend gering fiel die Quote der Spitzenschüler aus: Nur 18 % konnten der Stufe IV zugeordnet werden, in England waren es dagegen 30 %.

Eine Anschlussstudie verglich ein Jahr später auch noch *verschiedene Bundesländer* in Deutschland. Bei dieser Auswertung waren allerdings nur 6 von ihnen vertreten, am weltweiten Vergleich hatten sich immerhin 12 von 16 Bundesländern beteiligt. Baden-Württemberg und Bayern erzielten dabei überdurchschnittliche Ergebnisse; Hessen und Nordrhein-Westfalen plazierten sich mal besser, mal schlechter im Mittelfeld; Brandenburg und insbesondere Bremen landeten weit unter dem deutschen Durchschnitt. Entgegen einer weitverbreiteten Meinung ist die Schlusslichtposition von Bremen aber keine zwangsläufige Folge von hoher Arbeitslosenquote und Migrantenanteilen, verantwortlich sind eher schulstrukturelle Einflüsse in diesem Stadtstaat (fehlende Leistungsstandards, mangelnde Fortbildung der Lehrer u. ä. m.).

Die Fünfzehnjährigen

Bei den deutschen Jugendlichen sieht die Lage weitaus ernster aus: Ihre Lesefähigkeit ist im weltweiten Vergleich äußerst mäßig: Kaum „Spitzenleser", eine hohe „Risikoschülerrate", die Jungen weit hinter die Mädchen zurückgefallen. Das ist kein Wunder: Unsere Fünfzehnjährigen zeigen eine deutlich geringere Leselust als jedes andere Land (42 % von ihnen gaben an, nie zum Vergnügen zu lesen). Nirgendwo klafft zudem ein derartiger Leistungsabstand zwischen den stärksten und den schwächsten Lesern. In Mathematik und den Naturwissenschaften zeigte sich das gleiche Bild: unteres Mittelfeld. Insbesondere das selbständige Denken ist hierzulande deutlich unterentwickelt, während Routinen noch einigermaßen beherrscht werden.

Das sind die zentralen und beunruhigenden Aussagen der PISA-Studie aus dem Jahre 2000, die Folgeuntersuchung 2003 ergab eine nur geringfügig bessere Bilanz. Dabei ist bemerkenswert, dass sich das schlechte Abschneiden Deutschlands nicht grundsätzlich dem hohen *Migrantenanteil* anlasten lässt; rechnete man diesen nämlich aus den erhobenen Daten heraus, so verändert sich der Durchschnitt nur unwesentlich. Auch die deutschen Schüler im engeren Sinne sind also höchst mittelmäßig. Und was den innerdeutschen Bildungsvergleich angeht, so schnitten nicht die bislang reformfreudigsten Bundesländer am besten ab, sondern die gerne als zu konservativ angeprangerten („Süd-Nord-Gefälle").

Einige Details zu TIMSS und PISA

Im Hinblick auf die *Lesefähigkeit* müssen sich deutsche Jugendliche unter 31 Ländern lediglich mit Platz 20 zufrieden geben. So erreichen vergleichsweise wenige Schüler die Expertenstufe, sind also in der Lage, eine ungewohnte Textsorte mit einem nicht vertrauten Thema richtig und vollständig zu interpretieren. Während es im PISA-Durchschnitt 10 % solcher Spitzenleser gibt, findet man hierzulande nur 9 %, in Schweden, Großbritannien oder Kanada aber 15 %. Dagegen kommt bei uns fast jeder Vierte nicht über die Elementarstufe hinaus, kann also gerade einmal einfachen Texten offenliegende Informationen entnehmen; jeder Zehnte schafft noch nicht einmal das. Und die bereits von der Grundschule her bekannte starke Abhängigkeit der Lesekompetenz von der sozialen Herkunft, d. h. von der Bildungsnähe des Elternhauses zeigt sich ebenso bei den Fünfzehnjährigen. Daran hat sich auch 2003 wenig geändert, im Gegenteil: Die Leistungsspreizung hat sogar noch leicht zugenommen.

Dass unsere Fünfzehnjährigen auch im *Rechnen* unterdurchschnittlich schwach sind, deutete sich schon vor 10 Jahren an. Die TIMSS-Studie wies bereits 1995 in einem Vergleich von 45 Staaten nach, dass sich die mathematisch-naturwissenschaftlichen Fähigkeiten bei jedem fünften Achtklässler in Deutschland noch auf Grundschulniveau bewegen. Dagegen stieß man nur auf einen äußerst kleinen Kreis von „Spitzenrechnern": 6 % (zum Vergleich: weltweiter Durchschnitt 10 %, deutschsprachige Schweiz 18 %, Japan 32 %). In Mathematik war die Mehrzahl der (nicht süd)europäischen Staaten im Durchschnitt bis zu zwei Jahren weiter als wir. Und das, obwohl unsere Jugendlichen sechs bis zwölf Monate älter waren als ihre internationalen Kameraden, und obwohl nirgendwo so viele Schüler von Sonderschulen am Test gar nicht teilnahmen! Gewisse Leistungsstärken stellte man fest in Teilbereichen wie Arithmetik und beim Umgang mit Maßeinheiten, besondere Schwächen dagegen bei Algebra und Geometrie. Routinen werden also einigermaßen beherrscht, das selbständige Denken dagegen ist hierzulande unterentwickelt. Gesamtschulen schnitten zwar ein wenig besser ab als Hauptschulen, aber immer noch schlechter als Realschulen. Die Schüler in Bayern waren denen in Nordrhein-Westfalen etwa um 1,5 Jahre voraus.

Diese Defizite in *Mathematik* wurden durch PISA 2000 bei den Fünfzehnjährigen bestätigt. Ein Viertel unserer Schüler gilt demnach als Risikofall, verfügt also höchstens über arithmetisches oder geometrisches Grundwissen (in England sind dies lediglich 12 %, in Japan gar nur 7 %). Spitzenleistungen wiederum fand man in Deutschland nur bei 1 %, in England dagegen immerhin bei 3 %. Bei der Folgestudie PISA 2003 erhöhte sich der Durchschnittswert für Deutschland zwar geringfügig (von der 20. auf die 17. Stelle), aber niemand war sich sicher, ob das nicht damit zusammenhing, dass die Testschulen diesmal kräftig vorgeübt hatten. Leichte Verbesserungen ergaben sich im Teilbereich „Veränderungen und Beziehungen" sowie generell beim oberen Mittelfeld der Population (schwächere Gymnasiasten und stärkere Realschüler). Gleichwohl blieb es bei einer Risikoschülerrate von 25 %, und das mehrheitlich bei Kindern deutscher Herkunft! In Mathematik hatten Mädchen in allen Schulformen schlechtere Kenntnisse als Jungen, sie zeigten auch weniger fachliches Selbstvertrauen bzw. größere fachbezogene Ängste.

Auch in den *Naturwissenschaften* gingen die Kenntnisse deutscher Achtklässler laut TIMSS schon vor 1995 nicht über alltagsnahes Erfahrungswissen hinaus. Nur 10 bis 15 % dieser Schüler waren damals in der Lage, selbst einfachste experimentelle Anordnungen zu verstehen. Mädchen schnitten in Physik schlechter ab als Jungen, in Biologie war es umgekehrt. Dieser Befund wurde durch PISA 2000 erhärtet. Deutschland positionierte sich deutlich unterhalb des OECD-Durchschnitts; so versteht hierzulande nur einer von 30 Schülern anspruchsvolle naturwissenschaftliche Verfahren und Konzepte, in England tut dies immerhin jeder Zehnte. Dagegen kommt bei uns jeder Fünfte nicht über die Wiedergabe einfachen Faktenwissens hinaus, unter den britischen Schülern indes nur jeder Achte. Diese Situation hat sich mittlerweile leicht gebessert: PISA 2003 wies eine signifikante, wenn auch maßvolle Steigerung der NW-Leistungen nach – jetzt sind wir nicht mehr 20., sondern 16. von 30 Ländern!

In einem Bereich sind deutsche Schüler übrigens überdurchschnittlich gut. Gemeint ist das *fachübergreifende Problemlösen*, das PISA 2003 erstmalig untersucht hat. Anscheinend kommt unseren Kindern hier eine Cleverness zu Gute, die weniger unterrichtlicher Aufmerksamkeit entstammt als dem Lernen im Alltag. Der Befund zeigt aber, dass bei vielen Jugendlichen genügend geistiges Potential vorhanden wäre, um auch vom Schulischen mehr zu profitieren.

Eine Zusatzstudie (PISA 2000-E) hat die *Verhältnisse innerhalb Deutschlands* bei den Jugendlichen genauer untersucht. Hier einige Schlaglichter daraus:

- In allen „Fächern" erreichten wiederum Bayern, Baden-Württemberg und Sachsen Spitzenplätze, während Sachsen-Anhalt, Brandenburg und der Stadtstaat Bremen das Schlusslicht bildeten. Nordrhein-Westfalen plazierte sich im Mittelfeld, mal besser, mal schlechter. So gibt es dort relativ viele Spitzenleser (9,6 %), durchschnittlich viele „Risikoschüler" und vergleichsweise schlechte Kenntnisse in Mathematik und den Naturwissenschaften. Wie schon gesagt: Nicht die bislang reformfreudigsten Länder haben also am besten abgeschnitten, sondern die gerne als zu konservativ angeprangerten.

- *Migrantenkinder* wurden hierzulande bislang vergleichsweise schlecht gefördert. Viele beherrschen bei Schuleintritt die Unterrichtssprache nur unzulänglich. Und im Laufe der Schulzeit fallen ihre tatsächlichen Leistungen dann immer weiter hinter ihre geistigen Potentiale zurück.

- Die *Schulnoten* der Schüler entsprechen vielfach nicht den erhobenen Testleistungen. So wurde ein bestimmtes Leistungsniveau in Bayern mit „3", in Nordrhein-Westfalen aber mit „1" bewertet. Die angemessenste Notenzuweisung stellte man an den Realschulen in Baden-Württemberg fest.

- Die *Wahl der weiterführenden Schule* erwies sich bei vielen Schülern als nicht angemessen. So würden 10 % der Hauptschüler und 30–40 % der Realschüler in Bayern, Baden-Württemberg und Rheinland-Pfalz durchaus den durchschnittlichen Anforderungen an einem deutschen Gymnasium entsprechen. Dagegen erreichten im Bundesdurchschnitt 20 % der Gymnasiasten noch nicht einmal ein mittleres Realschulniveau. Die diagnostischen Fähigkeiten an Grundschulen lassen also vieles zu wünschen übrig.

- Die *Abiturquote* ist nur bedingt aussagekräftig. So erwerben in Nordrhein-Westfalen zwar 30 % die allgemeine Hochschulreife, in Bayern dagegen nur 20 %. Gleichwohl übertreffen die dortigen Haupt- und Realschüler im Durchschnitt das mittlere Leistungsniveau *aller* deutschen Schüler.

- *Mütterliche Berufstätigkeit* erwies sich nicht generell als Lernnachteil, deutlichen Einfluss hatte dagegen der Vorbildungsgrad der Mutter. Gerade Kinder aus bildungsferneren Milieus sind also benachteiligt, wenn beide Eltern arbeiten.

- *Jungen* sind an Gymnasien leicht unterrepräsentiert und müssen öfter Klassen wiederholen, sie stellen zwei Drittel der „Sitzenbleiber".

- Im angeblich so konservativen Bayern zeigten die Jugendlichen ein gleich hohes gesellschaftliches Engagement wie die scheinbar progressiven Rheinländer. In den östlichen Bundesländern dagegen war nur relativ wenig politisches Interesse vorhanden, dort wurde auch eine erhöhte Aggressionsbereitschaft festgestellt.

- Viele Jugendliche in Deutschland klagen über hohen Leistungsdruck und geringe Unterstützung seitens der Lehrer. Möglicherweise sind aber de facto gar nicht die Ansprüche so hoch und die Hilfe so gering, sondern die Belastbarkeit so niedrig und die Erwartungen übersteigert.

- An Gymnasien wurde ermittelt, dass vor allem solche Klassen erfolgreich lernen, in denen der Lehrer den Unterricht störungsfrei führt und dabei Lernmethoden bevorzugt, die die Schüler geistig aktivieren.

Nach den jüngsten Auswertungen von PISA 2003 wurde erneut der Vorwurf der Bildungsungerechtigkeit laut. Die Wahrscheinlichkeit, dass der Sohn eines Akademikers das Gymnasium besuche, sei im Schnitt viermal so groß wie beim Sprössling eines Facharbeiters – weit mehr als in jedem vergleichbaren Industrieland. Tatsächlich müsste die individuelle Förderung schwächerer Schüler hierzulande entschieden verbessert werden. Andererseits sind sowohl der innerdeutsche wie auch der internationale Vergleich höchst trügerisch.

- Wenn besonders viele gutsituierte Kinder mit 15 ein Gymnasium besuchen, heißt das noch lange nicht, dass sie auch alle Abitur machen oder gar ein Studium aufnehmen. Spätestens im Hochschulbereich hat sich der Arbeiterkinderanteil bundesweit auf einem Niveau eingependelt, das zumindest nicht schlechter ist als in Frankreich. Und mag es auch in Bremen mehr Einwanderer- und Arbeiterkinder an der „höheren Schule" geben als in Bayern, so nützt ihnen das doch nicht viel – schon die bayrischen Hauptschüler können schlichtweg mehr. Nicht auf formale Quoten kommt es an, sondern auf die tatsächliche fachliche Förderung.

● Beim Verweis auf andere „vollakademisierte" Länder werden gerne Äpfel mit Birnen verglichen. In Finnland etwa ist sozialer Aufstieg allein schon deshalb an der Tagesordnung, weil manche Tochter eines Industriearbeiters Krankenschwester wird – und das zählt dort als Hochschulausbildung. Und in Japan ist soziale Disparität allein schon deshalb unbekannt, weil dort 93 % aller Schulabsolventen die Berechtigung zum Hochschulzugang besitzen, die Folgegeneration dann natürlich ebenfalls aus lauter Akademikerkindern besteht.

Oberstufe – die Abiturienten

Deutsche weit zurück, so könnte man ebenfalls resümieren, was die TIMSS III-Studie im Jahre 1997 über die Fähigkeiten in *Mathematik und Naturwissenschaften* am Ende der Sekundarstufe II herausfand. In einem Vergleich mit nur 25 Ländern (die asiatischen Staaten fehlten diesmal) errang Deutschland zwar einen 9. Platz, aber das bedeutete nicht viel. Obwohl die Aufgaben eher schlicht gehalten waren, bleiben die Fachleistungen dennoch nur knapp unter dem internationalen Mittelwert, und es gab kaum Spitzenleistungen. In der Grundbildung lagen die Schüler ein bis zwei Jahre zurück, Jungen waren Mädchen im Schnitt ein Jahr voraus. Die Leistungsspreizung erwies sich im Vergleich zur Sekundarstufe I als erneut vergrößert – offenbar waltete das Matthäus-Prinzip (wer hat, dem wird gegeben). Von der Jahrgangsstufe 12 zur 13 konnte keinerlei Fortschritt mehr festgestellt werden. Nur in Physik fielen die Ergebnisse besser aus als in Mathematik – wohl weil die schwächeren Schüler dieses Fach bereits abgewählt hatten.

Was man aus diesen Befunden ableiten kann und was nicht

Ob unsere Kinder im Vergleich mit anderen Ländern wirklich so schlecht dastehen, ist nicht vollständig zu klären. Die verwendeten Testaufgaben entsprechen zwar unseren Lehrplänen, ihre Form war aber für deutsche Schüler ungewohnter als für die vieler anderer Länder. Gleichwohl handelt es sich bei den getesteten Fähigkeiten um Kompetenzen, die in Ausbildung und Beruf zunehmend bedeutsam sein werden – und dort werden unsere Kinder in wachsendem Maße mit jungen Menschen aus anderen Ländern konkurrieren müssen. Dass der schwache Befund auch nicht ganz aus der Luft gegriffen sein kann, zeigen die zunehmenden Klagen aus der Wirtschaft und dem Hochschulbereich. Personalchefs etwa bemängeln nicht nur die steigende Fehlerquote bei Rechtschreibung und einfachem Rechnen, sondern auch eine zu geringe Team- und Konfliktfähigkeit der Lehrlinge. Die Universitäten wiederum müssen in den Anfangssemestern vermehrt Ergänzungskurse für schulisches Grundlagenwissen anbieten – und haben dennoch mit steigenden Abbrecherquoten zu kämpfen.

Die Ursachen für diese „Bildungsnot" sind nicht einfach zu ermitteln. So glauben die einen, wir müssten alle Schulen in Gesamtschulen umwandeln, und schon könnten wir an finnische Erfolge anknüpfen; andere sind sich sicher, nur mit kleineren Klassen würden unsere Schüler besser. Aber so einfach ist die Sache leider nicht. Zwar haben die verschiedenen Ländervergleichsstudien neben den eigentlichen Leistungsbefunden eine Fülle von Umständen zusammengetragen, die mit diesen Ergebnissen einhergehen. Das belegt aber keine eindeutigen Kausalzusammenhänge zwischen ihnen. Dieses Phänomen könnte man als das Storchdilemma bezeichnen. Als jungem Menschen mochte einem die alte Mär vom Kinderkriegen ja einleuchten – schließlich gab es mancherorts genug Häuser mit Neugeborenen, auf denen auch ein Storchennest zu sehen war. Erst später verstand man, dass sich in diesen Häusern auch noch anderes abgespielt hatte, bevor der Nachwuchs krähte. Die Gleichzeitigkeit zweier Phänomene ist eben kein Hinweis auf ein Ursache-Wirkungs-Verhältnis; womöglich haben die Dinge gar nichts miteinander zu tun, vielleicht gibt es auch ein Drittes als gemeinsame Ursache. Verlässliche Aussagen darüber, welche Lernumstände sich im einzelnen leistungsförderlich auswirken, erfordern extrem aufwendige Auswertungen, die sogenannten multivariaten Regressionsanalysen.

Diese liegen für die 10 Jahre alte TIMSS-Studie mittlerweile vor: Demnach treten positive Leistungsbilanzen keineswegs zwangsläufig dort auf, wo es Gesamtschulsysteme oder hohe Bildungsausgaben gibt. Entscheidend scheint vielmehr zu sein, welche Einstellung zum schulischen Lernen besteht, bei den Schülern, unter den Eltern, seitens der Gesellschaft. Eine hohe Wertschätzung des Lernens aber schlägt sich vor allem in großer Ernsthaftigkeit nieder, und das auf vielerlei Ebenen:

- wie sehr Schüler bereit sind, sich für ihr Fortkommen anzustrengen (Stichwort Hausaufgaben, Disziplin etc.);

- in welchem Ausmaß und wie sensibel Eltern dieses unterstützen (Stichwort Präsenz, Ermutigung, Nachhilfe);

- wie qualitativ hochwertig Lehrer den Unterricht organisieren (Stichwort Förderung, Fortbildung etc.);

- wie verläßlich die Schule das Erbringen von Leistungen überprüft und honoriert (Stichwort Standards, Zentralabitur etc.).

Dieses Buch will ja vor allem der Frage nachgehen, was Eltern tun können, damit ihr Kind die Schule besser meistern kann. Werfen wir deshalb zunächst einen Blick darauf, wie Lernen überhaupt funktioniert und wie sich die Leistungsfähigkeit eines Kindes eigentlich entwickelt.

3. Was Erziehung und Schulerfolg miteinander zu tun haben

Dass es in Deutschland um die Bildung nicht allzu gut bestellt ist, hat sich mittlerweile herumgesprochen. Und die Schuldigen für diese Misere werden bekanntlich in allen Himmelsrichtungen gesucht. Glaubt man dem „Bildungsbarometer" I/2005 der Wochenzeitung „Die Zeit", so halten 52 % aller Befragten die Politiker für zuständig; dagegen sehen nur 24 % die Verantwortung bei den Eltern – und lediglich 9 % bei den Lehrern. Dieser Befund müsste eigentlich verblüffen: Diejenigen, die tagtäglich mit Kindern leben und lernen, erwarten eine Wende zum Besseren mehrheitlich von oben oder von anderen! Riecht das nicht ein wenig nach Versorgungsmentalität? Nun, eine repräsentative Befragung ist noch keine treffende Analyse. Tatsächlich spricht vieles dafür, dass die Leistungsfähigkeit junger Menschen gar nicht so sehr von den äußeren Umständen des Lernens abhängt, also den Bildungsfinanzen oder Schulstrukturen. Entscheidend für die geistige Entwicklung von Heranwachsenden sind vielmehr die inneren Bedingungen des Lernens, also die Art und Weise, wie Eltern und Lehrer den Bildungsprozess organisieren und begleiten.

Dieses Buch will vor allem der Frage nachgehen, was zu Hause getan werden kann, um den Schulerfolg zu unterstützen. Wo könnte man beim eigenen Kind bereits vorhandene Lernpfade stärker ausbauen, wo sollte man die Weichen im Bildungsalltag anders stellen, wo müsste man gar das Ruder der Erziehung ganz herumwerfen? Ein erster Blick gilt deshalb zunächst dem *Familienalltag*, dieser schier endlosen Folge von Momenten, in denen Eltern mit Fragen zum Lernen ihrer Kinder konfrontiert sind. Dauernd machen die Kinder irgendwelche Erfahrungen und reagieren darauf, ständig müssen Mütter oder Väter sich dazu irgendwie verhalten. Und das ist heute besonders schwierig geworden. In früheren Zeiten hatte man ja nichts dagegen, vom Rat der eigenen Eltern zu profitieren; heute folgt man lieber den Empfehlungen von guten Freund(inn)en oder dickleibigen Erziehungsratgebern. Nicht selten wird auch „aus dem Bauch" heraus entschieden und gehandelt, also geprägt davon, was man selbst in der Kindheit erlebt hat. Oder was derzeit im Bekanntenkreis en vogue ist. Und wie man sich selbst gerade fühlt.

Solche Spontanerziehung ist sicher nicht immer optimal. Die weitere Aufmerksamkeit gilt deshalb den *Befunden von Entwicklungspsychologie und Hirnforschung*, den Bezugswissenschaften der Pädagogik. Dort gibt es mittlerweile durchaus verlässliche Aussagen darüber, welche erzieherischen Haltungen und Umstände sich förderlich auf die Entwicklung von Wissbegier und Leistungsfähigkeit auswirken. Dass es sich dabei nicht um Stimmen aus dem Elfenbeinturm handelt, dafür sprechen auch einige überraschende Wünsche, die *Kinder und Jugendliche in aktuellen Umfragen* geäußert haben – diese werden abschließend vorgestellt.

a) Die typischen Fragen des Familienalltags

Leben ist lernen – in keiner Lebensphase gilt diese scheinbar abgedroschene Maxime so uneingeschränkt und so vielfältig wie im Kindes- und Jugendalter. Was muss ein Kind nicht alles lernen! Wie man nach einem Becher greift, statt nur die Brust geboten zu bekommen; dass man sich aufrecht fortbewegen kann und nicht nur herumliegen oder krabbeln muss; Sprechen anstelle von Schreien; Rechnen statt Herumprobieren. Das menschliche Lernen beginnt schon vor der Geburt – und dauert im günstigsten Falle das ganze Leben. Neben den ersten Lebensjahren verdient allerdings die Schulzeit in ihrer Bedeutsamkeit für die Zukunft besondere Beachtung.

Vorschulförderung

Wenden wir uns zunächst den *Fünfjährigen* zu, einem Alter, dessen „strahlende Intelligenz" schon Freud rühmte. Das Vorschuljahr ist eine Phase des intensiven Forschens und Entdeckens. Dauernd wollen sie etwas von einem wissen, ständig fragen sie einem Löcher in den Bauch. Soll man das alles beantworten? Oder nur manches? Darf man auch mal genervt „Jetzt lass' mich mal in Ruhe!" sagen? Und wenn die Kleinen gerade nicht fragen, sondern ihnen vielmehr langweilig ist, wenn sie lustlos herumhängen? Soll man sich dann sofort mit ihnen beschäftigen, müsste man ihnen vielleicht irgendwelche Aufträge im Haushalt geben – oder kann man sie auch mal ruhig vor den Fernseher oder an ihren Computer schicken? Überhaupt Stichwort Bildschirm: Wie viel Glotze ist denn gut für ein Kind? Sollte es überhaupt alleine fernsehen können? Und wie könnten Eltern auf sein Medienverhalten Einfluss nehmen? Übrigens ist es nicht so, dass die so genannt pflegeleichten Kinder keine Fragen aufwerfen würden. Wo keine Probleme sichtbar werden, verhält sich ein Kind vielleicht besonders angepasst, muss aber deswegen keineswegs besonders lernfreudig sein. Könnte das brave Mädchen mehr Begegnung mit den faszinierenden Dingen in der Welt gebrauchen – oder täte ihm Ermunterung zum Widerspruch gut? Würden dem stillen Jungen mehr soziale Kontakte mit Gleichaltrigen gut tun – oder fehlt ihm einfach mehr ruhige Elternzeit, etwa ein gelegentlicher längerer Spaziergang mit dem Vater? Schließlich die Frage des Kindergartens: Ist das ein Ort, an dem die Erzieher auch noch im Jahr vor dem Schuleintritt kein schlechtes Gewissen haben, wenn die Kinder tagelang im Matsch spielen? Oder handelt es sich um eine frühkindliche Bildungsstätte, die die ungeheuren Interessenpotentiale der Kinder anregt und aufgreift? Die ihre motorischen, sprachlichen und gedanklichen Fähigkeiten soweit fördert, dass alle den ersten Schultag auf einem möglichst guten Entwicklungsstand erleben?

Hausaufgaben

Der nächste Blick gilt den *Grundschulkindern*. Eine schöne Zeit ist das, zumindest anfangs voller Eifer; endlich darf man sich zu eigen machen, was einem bisher den Zutritt zu einem Großteil der Erwachsenenwelt verwehrte, die Kulturtechniken. Lesen, schreiben und rechnen zu lernen, das gelingt dann dem einen bekanntlich schneller, dem anderen langsamer. Hier ein eher strenger Lehrer, dort eine besonders fürsorgliche Lehrerin; da viele Migrantenkinder in der Klasse, andernorts alte enge Klassenräume. Mit Argusaugen beobachten die meisten Eltern die erste Begegnung mit dem Ernst des Lebens. Kommt das eigene Kind gut zurecht mit den Buchstaben und Zahlen, hat es Freude am Lernen, geht es gerne zur Schule? Schnell fragt man sich, ob etwa sein holpriges Lesen durchaus normal ist oder bereits eine problematische Lese-Rechtschreib-Schwäche? Ob seine Zahlenverdreher ein Zeichen vorübergehender Ablenkung sind oder auf eine spezifische Konzentrationsschwäche hindeuten? Ob es nicht zu viele Hausaufgaben machen muss und kaum mehr Zeit für freies Spiel findet? Oder ob es nicht ausgelastet ist und viel mehr Lern- und Trainingsanregungen vertragen könnte? Wäre es vielleicht besser, man würde das Thema Lernen ganz der Schule überlassen und sich zuhause mit dem Kind anderen Dingen widmen? Oder zumindest nicht vor seinen Ohren über eigene Zweifel an seinen Fähigkeiten sprechen, schon gar nicht es mit anderen Kindern oder den eigenen Geschwistern vergleichen? Interessant sind auch noch ganz andere Fragen. Im Unterricht haben die Kinder ein Bild von Paul Klee besprochen und dazu gemalt – sollte die Familie nicht am nächsten Wochenende mal gemeinsam ins nächste Museum fahren und zwei andere Werke dieses Malers anschauen? Oder wäre das Zeitverschwendung, weil Kunst „zwar schön, aber letztlich irgendwie unwichtig" ist, ein Englisch-Frühkurs aber doch „sicher nie verkehrt" sein kann? Und wie soll man eigentlich reagieren, wenn das Kind morgens trödelt, weil es Angst hat zur Schule zu gehen – aus Sorge, leistungsmäßig nicht zu genügen oder weil es sich vor gewalttätigen Mitschülern fürchtet? Schließlich die vierte Klasse, das Jahr vor der Wahl der weiterführenden Schule: Wie schätzt die Lehrerin seine Lernhaltung und Fähigkeiten in den verschiedenen Lernbereichen ein? Welche Prognose stellt sie aufgrund ihrer langen Berufserfahrung? Ist die vielfach angestrebte Gymnasialempfehlung das Maß aller Dinge, ist es sinnvoll, dafür Kind und Lehrer unter Druck zu setzen? Oder bietet der Besuch einer gut geführten Real- oder Hauptschule einem Kind angesichts seines derzeitigen Entwicklungsstandes den größeren Vorteil?

Wahl der weiterführenden Schule

Damit gelangen wir zur nächsten Altersgruppe, den *Jahren um die Pubertät.* Da ist zunächst der Problemkreis „weiterführende Schule": Gelingt es dem Kind, in der neuen Umgebung, unter neuen Mitschülern und bei unbekannten Lehrern, gut Fuß zu fassen, kann es in seiner Klasse in eine Position finden, bei der es sich gleichermaßen in seinen bisherigen Fähigkeiten gewürdigt wie auch zu neuen Anstrengungen herausgefordert fühlt? Oder erweist sich die Schulwahl schon nach kurzer Zeit als ungünstig, ist das Kind schon in der ersten Zeit deutlich überlastet – oder aber unterfordert? Wie unterstützt man als Eltern den schulischen Neubeginn am besten, wie reagiert man auf etwaige Klagen des Kindes, auf mögliche Unlust, auf ungewöhnliche Veränderungen in seinem Wesen? Und wenn sich das Kind einigermaßen in der neuen Schulform stabilisiert hat, gerät sein Lernen schon bald in die Gefühls- und Verhaltenswirren der „schwierigen Jahre". Was zuvor selbstverständlich schien, steht jetzt vielleicht plötzlich in Frage. Die Hausaufgaben werden nur noch schludrig, sporadisch oder gar nicht gemacht – soll man als Eltern da eingreifen, oder behindert man dadurch gerade die Entwicklung jugendlicher Selbständigkeit? Und dann die Klassenarbeiten: Da äußern manche Schüler jetzt deutliche Ängste – ist das ein Zeichen von grundsätzlicher Überforderung oder von zu geringer Robustheit im Umgang mit Niederlagen? Oder müsste man Nachhilfe suchen, womöglich gar ein Schuljahr wiederholen? Spätestens in der achten Klasse sinken die Noten bei vielen deutlich ab – muss man das als vorübergehendes Tief hinnehmen, das alle irgendwann haben, oder werden hier wichtige Jahre unnötig vergeudet? Dann die Medienfrage: Stunden-, ja tagelang hängen die mittlerweile recht großen Kinder vor dem Monitor oder am Telefon – wie wirkt sich das auf ihre Lernentwicklung aus und ab wann bestünde Grund zum Einschreiten? Überhaupt das Familienleben: Wieviel man noch zusammen unternimmt, wenn das Kind 13 ist; wie lange eine Vierzehnjährige abends oder am Wochenende ausgehen darf, ob man einen Fünfzehnjährigen noch mit Hausarbeit behelligen sollte, und wie Eltern sich zum Thema Rauchen, Alkohol und Drogen stellen – all das hat auch etwas mit dem Lernerfolg unserer Kinder zu tun und wirft schwierige Fragen auf.

Berufsfrage

Ein letzter Problemkreis schwelt lange Zeit im Hintergrund, wird aber irgendwann unabweisbar – die Berufsfrage. Für viele Jugendliche ist ja das mehrwöchige Berufspraktikum in der neunten Klasse die erste Begegnung mit dem Ende der Kindheit. Auch Gymnasiasten sollte jetzt allmählich klarer werden, dass es niemanden gibt, der sie ewig versorgen wird, dass also der Zustand des mal mehr lustbetont-betriebsamen, mal mehr gelangweilt-nörgelnden Vor-sich-hin-lebens früher oder später ein Ende haben wird. Die Berufsfrage ist schließlich ein wichtiger Teil der Lebensfrage, und viele Heranwachsende haben allzu lange keine Antwort darauf. „Weiß nicht", „Hab ich noch nicht drüber nachgedacht", „Mach ich mir keine Gedanken drüber". Sprechen wir mit den jungen Leuten darüber, welche Rolle in der Gesellschaft sie einmal spielen möchten? Ermuntern wir sie dazu, in den großen Ferien arbeiten zu gehen, um das wirkliche Leben kennen zu lernen und erste Verantwortlichkeit zu erfahren? Helfen wir ihnen dabei, ihren tieferen Interessen auf die Spur zu kommen und diese auf langfristige Tauglichkeit hin zu prüfen? Lassen wir sie genügend an unserer eigenen Berufstätigkeit teilhaben? Könnte es ihnen nicht das Büffeln über den Büchern erleichtern, wenn sie schon früh eine ernsthafte Vorstellung davon entwickeln würden, welchen Platz auf der Welt sie einmal ausfüllen möchten? Selbst wenn diese Vision sich im Laufe der Zeit noch präzisieren oder wandeln mag. Und würde es nicht ihnen und uns gut tun, wenn sie als junge Erwachsene nicht allzu spät in der Lage wären, auf eigenen Füße zu stehen?

Eine Fülle von Fragen, die Antworten wollen wohl bedacht sein. Nehmen Sie sich noch etwas Zeit für eine kleine Erkundung dessen, was die Wissenschaft zum Thema Lernen zu sagen hat.

b) Grundlegende Antworten
   der Erziehungswissenschaft

In der Physik ist man sich einig, dass Steine zu Boden fallen, wenn man ihnen die Unterlage entzieht oder sie loslässt. Wenn es aber um Fragen der Erziehung geht, hat man es schnell mit vielen Meinungen zu tun. Ob man etwa einem Kind das Aufwachsen weitgehend selbst überlassen oder es lieber gezielt anleiten solle, darüber gehen die Ansichten weit auseinander. Das liegt zum einen daran, dass das Pädagogische immer auch etwas Individuelles ist. Was einem Kind vielleicht genützt hat, scheint einem anderen die größten Probleme zu bereiten. Ein weiterer Grund für die Vielfalt der Sichtweisen ist eine grundsätzliche Unsicherheit bei Erziehungsfragen: So ist man sich als Eltern oder Lehrer im Alltag ja nie so ganz sicher, ob es nun diese Maßnahme oder jene Haltung war, die bei einem Kind oder Jugendlichen diese Verhaltensänderung oder jenen Wissenszuwachs bewirkt hat – oder ob da gar etwas ganz ohne Zutun herangereift ist. Alleine schon deshalb, weil im Verhältnis der Generationen eine etwaige Ursache und ihre mögliche Wirkung zeitlich oft weit auseinander fallen.

Dennoch wäre es ein Trugschluss anzunehmen, die Pädagogik sei ein sandiger Boden, auf dem verlässliche Aussagen unmöglich wären. Allerdings muss man unterscheiden zwischen kurzlebigen Trendmeinungen einerseits und den in der Fachwelt weithin geteilten Grunderkenntnissen zum Thema Lernen und Erziehung andererseits. So galt es eine Zeitlang in Mittelschichtkreisen als progressiv, Kinder selbst entscheiden zu lassen, was sie tun und lassen wollten. Mittlerweile zeichnet sich indes ein neuer

Konsens darüber ab, was „die Großmutter noch wusste" – und die ernsthafte, empirische Forschung auch nie bestritten hat: Dass Heranwachsende sowohl den Rat als auch Grenzsetzungen seitens der Erwachsenen brauchen, wenn sich ihre Kräfte optimal entwickeln sollen.

Wenden wir uns deshalb genauer der Frage zu, wie Lernen eigentlich funktioniert. Kann man eigentlich etwas Verlässliches darüber aussagen, welche erzieherischen Haltungen und Umstände sich förderlich auf die Entwicklung von Wissbegier und Leistungsfähigkeit auswirken – und welche eher hemmend? Gilt dabei für jedes Kind das Gleiche? Gibt es Grenzen des Lernens – und wodurch sind diese bestimmt – oder kann jedes Kind unbegrenzt viel lernen? Was ist Intelligenz?

Wie Lernen funktioniert

In der Alltagssprache versteht man den Begriff Lernen meist nur in eingeschränkter Form. Gemeint ist dann vor allem das schulische Lernen, also der Erwerb von lebenspraktischen Kenntnissen und Fähigkeiten wie Schreiben und Rechnen, Lesen oder der Erwerb von Fremdsprachen; nicht zuletzt aber auch die Begegnung und Auseinandersetzung mit Bildung im weiteren Sinne, mit Sachverhalten also, die man nicht unbedingt täglich und unmittelbar benötigt, die aber den geistigen Horizont weiten und zur Persönlichkeitsentfaltung beitragen. Aus einer weiteren, psychologischen Sicht meint Lernen indes jede Änderung oder Erweiterung von Verhaltensweisen, die nicht durch Reifung, sondern durch Erfahrung bewirkt wird; die also nicht nur aus einem inneren anlagebedingten Ablauf erwächst, sondern durch äußere Anstöße entsteht. Eine solche Anregung kann von einer Sache ausgehen (die heiße Herdplatte, die man anfasst, tut weh – also mache ich in Zukunft einen Bogen darum; das Wort, das ich noch nicht kenne, fordert mich zum Nachschlagen im Lexikon heraus – anschließend weiß ich es) oder von einer Person (die Mutter freut sich, wenn ich in einem Buch lese und mit ihr darüber spreche – folglich tue ich das öfter; der Vater ist unzufrieden, wenn ich meine Hausaufgaben so schlampig anfertige – daher vermeide ich das tunlichst). Lernen kann demnach alles Mögliche sein: eine unerwartete Erfahrung machen (und darauf reagieren), an irgendeinem Mechanismus herumprobieren, etwas bei anderen Beobachtetes nachmachen – oder eben auch Vokabeln pauken.

Gemeinsam ist diesen verschiedenen Lernsituationen eines: dass der Lernende sie nicht untätig erfährt, sondern aktiv an ihnen beteiligt ist. Damit sind wir schon ein gutes Stück über den Nürnberger Trichter hinaus, dieses Gleichnis für eine passive und damit überholte Vorstellung vom Lernen: Dass unser Wissen wachsen würde, wenn man uns Informationen einfach in den Kopf einfüllte. Ursprünglich hatte die geläufige Metapher übrigens aufklärerischen Charakter. Zum Zeitpunkt ihrer Entstehung (um 1600) stand sie für eine damals durchaus moderne Auffassung: Dass es möglich sei, auch dem Dümmsten etwas einzutrichtern.

Im 20. Jahrhundert hat sich dann schrittweise eine wissenschaftliche Auffassung vom Lernen entwickelt. So hat man etwa schon früh entdeckt, dass Verhaltensweisen durch gewisse Reize ausgelöst werden, wenn sie oft genug gleichzeitig mit diesen auftreten (die klassischen Reflexe). Falls eine Mutter – etwas verkürzt gesagt – ihrem Kind vom Stadtbummel stets eine Süßigkeit mitbringt, könnte dieses nach kurzer Zeit enttäuscht sein, wenn die kleine Aufmerksamkeit einmal ausbleibt. Später fiel den Forschern auf, dass Verhaltensweisen dann häufiger auftreten, wenn sie erfolgreich sind, also irgendwelche angenehmen Folgen haben. Wenn der Lehrer einen Schüler für seine Hausaufgaben öfters lobt, macht dieser sie in Zukunft lieber oder gründlicher oder beides. Schließlich erkannte man die Bedeutung der Imitation von sozialen Vorbildern. Menschen, die kompetent, prestigeträchtig und sympathisch erscheinen, werden gerne als Modell für das eigene Verhalten genommen. Wenn ein Junge auf dem Bildschirm täglich stundenlang männlichen Heldentypen zusieht, die alle möglichen sozialen Situationen durch den Einsatz körperlicher Gewalt zu ihren Gunsten entscheiden, wenn er ihnen womöglich mit seinem Joy(!)stick dabei aktiv unter die Arme greift, dann wird seine Bereitschaft unweigerlich steigen, in einer realen Konfliktlage selbst mit Aggressionen zu reagieren.

In der Nachkriegszeit gewann die *Kognitionspsychologie* an Beachtung. Insbesondere Jean Piaget versuchte, genauer zu erfassen, wie sich die geistigen Fähigkeiten beim Kind entwickeln. Seine Aktivitäten in den ersten beiden Lebensjahren waren für ihn die Wurzel des Denkens („sensomotorische Phase"): Es übt angeborene Reflexe, es wiederholt Handlungen; es experimentiert zunächst ziellos, dann schon zielstrebiger; später kann es sich auch das Ergebnis einer Handlung vorstellen; es hat ein Bild von Dingen, auch wenn sie verdeckt sind; es kann eine Tätigkeit zeitversetzt nachahmen, es beginnt zu sprechen.

Dann folgt – bis zum Alter von etwa sechs Jahren – das Stadium des „anschaulichen Denkens". Das besondere Kennzeichen dieser Periode sind die scheinbaren ‚Fehler' im kindlichen Denken: unangemessene Verallgemeinerungen oder die Unfähigkeit, sich in die Sichtweise eines anderen hineinzuversetzen. Dieses Stadium wird abgelöst durch die Periode der „konkreten Operationen": Das Kind kann einen Zahlbegriff entwickeln und wird fähig, Ordnungen zu bilden. Etwa vom zehnten Lebensjahr an beginnt das Stadium „formaler Operationen", die höchste Stufe geistiger Prozesse: Das Kind kommt jetzt zunehmend in die Lage, abstrakt zu denken: gedanklich verschiedene Bedingungen miteinander verknüpfen, ein Verständnis für Proportionen ausbilden u. ä. m. Diese einzelnen Stadien reifen nach Piaget weder automatisch noch unter äußerem Druck heran, sondern entwickeln sich nur in der aktiven Auseinandersetzung des Kindes mit seiner Umgebung. Eltern und insbesondere Lehrer können diese förderlich anregen, indem sie dem Kind Lernaufgaben vorlegen, die seiner Erkenntnisstufe entsprechen.

Nun ist die Entwicklung der geistigen Fähigkeiten – und damit alles, was mit dem Lernen im engeren Sinne zu tun hat – immer nur ein Teil der gesamten Persönlichkeitsentwicklung. Diese beschrieb der Sozialpsychologe Erik H. Erikson als die Herausbildung der persönlichen *Identität*. Danach durchläuft der Mensch verschiedene Lebensphasen, in denen er schrittweise lernt, die Anforderungen seiner Sozialordnung auf immer reifere Art zu bewältigen. So wird der Säugling zunächst nur rundum versorgt, greift und blickt aber auch schon um sich – und schenkt uns bisweilen ein Lächeln. Das kleine Kind löst sich bereits kurzzeitig von der Mutter und übt das Leben in der

Welt – im Spiel. In der Pubertät wird dann eine eigene Rolle in der Gesellschaft gesucht und gefunden – der persönliche Sinn im Leben. Das Erwachsenenalter schließlich bedeutet: Reif sein für eine verlässliche Paarbindung und die Gestaltung von tragfähigen Freundschaftsbeziehungen, für die Mitarbeit in der Berufswelt und das verantwortungsvolle Aufziehen einer neuen Generation.

In den letzten Jahren hat sich verstärkt die *Hirnforschung* zu Wort gemeldet, wenn es um Fragen von Erziehung und Bildung geht. Schließlich ist das Organ, mit dem man lernt, das Gehirn. Die traditionelle Pädagogik musste sich ja auf Erfahrung und Interpretation verlassen und war damit in starkem Maße zeit- und personabhängig. Die Neurobiologie dagegen kann sich auf empirische Daten stützen, weil sie in der Lage ist, die strukturellen Veränderungen des Gehirns mit bildgebenden Verfahren sichtbar zu machen. Dadurch kommt sie zwar nicht zu einem vollkommen neuen Bild vom Lernen, aber sie kann dazu beitragen, in der bisherigen Meinungsvielfalt ein Stück weit die Spreu vom Weizen zu trennen. Das Interessante dabei ist: Auch einige traditionelle, ja schon überholt geglaubte Auffassungen vom Erzieherischen erfahren dabei eine neue und überraschende Bestätigung.

Lernvorgänge spielen sich hauptsächlich in der Großhirnrinde ab, und deren 20 Milliarden Nervenzellen (Neuronen) sind bereits bei der Geburt vorhanden. Im Laufe der Jahre entwickeln sich dann zwischen ihnen faserartige Verbindungen – bis zu etwa 100 Billionen (das ist eine Eins mit 14 Nullen!). Und nichts anderes als der Aufbau dieses Netzwerks ist es, worin sich das Lernen niederschlägt. Spätestens vom Zeitpunkt seiner Geburt an macht ein Kind ständig irgendwelche Erfahrungen – pausenlos hat das zunächst noch unausgereifte Gehirn also Eindrücke zu verarbeiten, die ihm über die Sinnesorgane geliefert werden. Jede einlaufende Information wird blitzschnell daraufhin geprüft, ob sie bereits bekannt ist – das kann dann die Verbindung zwischen den entsprechenden Gehirnzellen verstärken, in Zukunft können Impulse dort schneller verarbeitet werden – oder ob sie neu ist – dann wird eine neue neuronale Verknüpfung angelegt. Wieviel ein Mensch zu einem bestimmten Zeitpunkt weiß und kann, was er bis dahin gelernt hat, das hängt ganz einfach davon ab, wie vielfältig und leistungsfähig die Verbindungen zwischen seinen Nervenzellen geworden sind. Je mehr anregende Erfahrungen er machen und gut verarbeiten konnte, desto komplexer ist sein neuronales Netzwerk geworden.

In den ersten Lebensjahren geht mit dem Ausbau des Gehirns vor allem die Entwicklung und Festigung der frühkindlichen Bindung einher. Gemeint ist damit die emotionale Beziehung an die primäre Bezugsperson, also an denjenigen, der dem Kind in seiner Angewiesenheit Sicherheit bietet: der es wärmt, es nährt, es sauber hält, sich mit ihm beschäftigt – und der ihm beisteht, wenn es etwas ängstigt oder beunruhigt. Im Alter von drei bis sechs Jahren dehnen sich vor allem diejenigen Hirnbereiche aus, die die Konzentration auf bestimmte Aufgaben und die Organisation von Handlungen steuern. Bei Sechs- bis Zwölfjährigen formen sich insbesondere die Hirnregionen aus, die für räumliches Vorstellungsvermögen und abstraktes Denken bedeutsam sind. Mit der Pubertät kommt es noch einmal zu deutlichen Erweiterungen und wichtigen Umstrukturierungen im Gehirn.

Was das Lernen unterstützt – und was es stört

Das Leben selbst ist es also, was das Gehirn ausbaut und entwickelt – indem es die Vernetzungen im Frontalhirn zunehmend komplexer werden lässt. Und das funktioniert umso besser, je günstiger die Bedingungen sind, unter denen die Erfahrungen stattfinden. So kann das Gehirn zwar eine Liste von Jahreszahlen auswendig lernen, aber das ist nicht seine stärkste Seite. Es ist nämlich – vom Standpunkt der Evolution aus betrachtet – nicht als Auswendiglerner konzipiert, sondern als Problemlöser. Und deshalb lernt ein Kind das am besten, was für es bedeutsam ist; was ihm dabei hilft, sich in der Welt, in die es hineinwächst, zurecht zu finden.

- Wie gut ein Kind etwas lernt, das hängt ganz wesentlich von seinen *Emotionen* beim Lernen ab, das heißt, wie es die Situation bewertet und sich in ihr fühlt. Mit Freude lernt man etwa besonders gut, mit ein bisschen Stress auch noch ganz passabel, unter Angst aber kaum noch bzw. sehr eingeschränkt. Die Gefühle beim Lernen hängen nicht nur davon ab, wie neu oder schwierig etwas ist, sondern auch, wie sicher sich das Kind gerade fühlt, vor allem im Hinblick auf seine wichtigsten Beziehungspersonen (wie Mutter, Vater oder Oma).

- Auch die *Motivation* spielt für die Qualität des Lernens eine Rolle, ob das Kind also von der Beschäftigung mit dem Lernobjekt etwas Positives erwartet. Ob zum Beispiel seine Neugier befriedigt wird, ob es etwas Überraschendes bzw. Neues („Das hab' ich ja noch nie gesehen!" oder „Wär' das schön, wenn ich das auch könnte!") erfährt. Oder etwas Angenehmes (Nachher gibt's Schokolade. Oder: Es läuft Musik, die mir gefällt. Oder: Der Lehrer hat mir einen aufmunternden Blick zugeworfen. Oder: Bald kann ich das besser als die Schwester. Oder: Etwas Ähnliches ist mir letztens auch schon gut gelungen.). Deshalb kann auch die Beschäftigung mit „trockenem" Lernstoff durchaus motivierend sein – wenn gleichzeitig ein anderer „Vorteil" zu erwarten ist.

⬤ Eine Art von Erfahrungen löst im Gehirn besonders hohe Resonanz aus: die der *Selbstwirksamkeit*. Das Erlebnis also, dass das Kind durch eigenes Tun irgendeine Wirkung hervorrufen, dass es die Welt um sich herum beeinflussen kann. Dabei spielt es keine Rolle, ob das Ergebnis dieses Tuns langfristig nützlich ist oder nicht. Wenn ich schreie und die Mutter macht etwas für mich, lerne ich: Man kann Probleme durch Schreien lösen. Wenn ich aber schreie und die Mutter etwas Ermunterndes sagt, ohne zu kommen, lerne ich: Man kann Probleme durch Eigenaktivität lösen und hat dabei Unterstützung.

Man könnte sagen, das Gehirn lernt immer – aber es lernt nicht in jeder Situation gleich gut. Unter ungünstigen Umständen kann seine innere Differenzierung stagnieren oder zumindest beeinträchtigt verlaufen.

⬤ Wenn ein Kind nicht über sichere *Bindungen* verfügt. Wenn es also keine Beziehung zu mindestens einer Person hat, die es als individuelles Wesen wahrnimmt und ihm genügend emotionale Sicherheit bietet. Weil die Mutter zum Beispiel noch unreif oder von starken Selbstzweifeln geplagt ist, weil sie sich im Leben sehr unglücklich oder ängstlich fühlt, weil sie eine harte und unsensible Person ist. Dann könnte es sich nämlich nicht aufgehoben fühlen und befände sich in einem Zustand latenter Unruhe, ja Angst; es wäre nur darauf bedacht sich abzusichern und außerstande, sich in Ruhe den Herausforderungen durch neue Eindrücke zu stellen (mehr dazu in 4.1).

- Wenn das Kind zu wenig oder zu viele *Anregungen* erhält, sich mit Neuem auseinanderzusetzen. Weil die Eltern etwa wenig sprechen und nur den Fernseher laufen lassen; oder weil es ständig unter vielen Menschen leben muss, die aber nicht auf es eingehen; oder weil es ständig mit neuen Spielsachen überschüttet wird. Denn Reizarmut führt zu Langeweile, Reizüberflutung hingegen zu Ängstigung und Rückzug. Am anregendsten sind dagegen Situationen, die nicht vollständig bekannt, aber auch nicht allzu fremd, also bedrohlich sind. Dazu gehören auch ausreichende Möglichkeiten, um eigene Ideen auszuprobieren; Freiräume also, in denen ein Kind Reizen nicht nur in passiver Form ausgesetzt ist, sondern auf vielfältige Weise die Erfahrung machen kann, dass es durch eigenes Tun etwas Sinnvolles bewirken kann (mehr dazu in 4.2).

- Wenn das Kind zu wenig *Orientierungshilfen* bekommt, oder vorwiegend solche, die es ängstigen. Weil die Eltern heute etwas gutheißen, was sie morgen bestrafen; oder weil sie die Unbeholfenheit des Kindes häufig mit Ungeduld und Kritik beantworten; oder weil sie seinen Aktivitäten gar kein Echo entgegenbringen. Dann bleibt ihm entweder unklar, welche Handlungen es künftig vermeiden soll und welche erwünscht sind – das würde es verunsichern und überfordern. Oder sein Tatendrang wird gedämpft, es wird vorsichtig, sein Erfahrungs- und Lernraum also eingeschränkt. Oder es kommt zu einer Ansammlung widersprüchlicher Eindrücke, deren einziger Ausweg die Devise ist: Ich tue das, was mir gefällt (mehr dazu in 4.3).

Warum Kinder unterschiedlich erfolgreich sind

Wenn das Lernen prinzipiell so etwas Einfaches ist, fragt man sich natürlich, warum sich manche Kinder schon früh schwer damit tun. Dahinter steckt die Frage, wie sich die individuelle Identität eines Kindes – und damit seine höchst persönliche Sicht vom Lernen – herausbildet, ein Thema, das die Entwicklungspsychologie schon früh beschäftigt hat. Besonders erwähnenswert erscheinen mir hier die Studien von Alfred Adler. Adler war ursprünglich Sozialmediziner und gehörte um 1900 zunächst zum Kreis um Sigmund Freud, bevor er einen eigenen tiefenpsychologischen Ansatz entwarf. Kern seiner Individualpsychologie war die Überzeugung, dass die Psyche des Kindes, sein Lebensstil, sich vor allem aus dem Bestreben heraus entwickele, in menschlichen Beziehungen Anerkennung zu finden, wichtig zu sein, Geltung zu erlangen – kurz gesagt: dazu zu gehören und sich sozial behaupten zu können.

Im Zusammenhang mit dem Thema Lernen und Schule sind Adlers Schriften in verschiedener Hinsicht interessant. Zum einen galt seine besondere Aufmerksamkeit dem *individuellen Erleben* des Kindes. Stellen wir uns einmal Hänschen und Lieschen vor, zwei zunächst gleichermaßen begabte Kinder. Vom ersten Lebenstag an machen sie nicht nur unterschiedliche Erfahrungen (mit sich selbst, in ihren Familien, in ihrem näheren Umfeld), nein, jedes dieser Erlebnisse prägt zunehmend auch ihre weiteren Eindrücke von der Welt. Lieschen hat vielleicht in jungen Jahren mit einer komplizierten Krankheit zu kämpfen, sie erlebt ihre Umwelt ängstlich, ihr wird alles abgenommen, das Leben bekommt für sie düstere Farben. In Hänschens Familie dagegen erkrankt ein Geschwister, und der Junge bekommt Gelegenheit, der Mutter bei der Pflege der Kranken tatkräftig zu unterstützen; ihm zeigt sich das Leben als Ort positiven Wirkens. Es ist so, als würde das Leben mit der Zeit eine Art Brille erzeugen, durch die Kinder immer stärker den weiteren Lebensverlauf wahrnehmen – das eine grau getönt, das andere rosa oder hellblau. Wenn Hans dann in die Schule kommt, hat er womöglich eine ganz andere Lernhaltung als Lisa, selbst wenn beide in derselben Familie aufgewachsen wären – weil eben jeder eine ganz eigene Lerngeschichte durchlaufen hat.

Adler spürte auch sehr einfühlsam den Wirkungen nach, die der elterliche *Erziehungsstil*, die Atmosphäre in der Familie auf die kindliche Charakterbildung hat. Erzieherische Härte etwa würde bei Kindern den ständigen Eindruck hinterlassen, unterlegen zu sein – und damit ihre Neigung begünstigen, sich in der Schule passiv anzupassen oder aber nichts sagen zu lassen. Vernachlässigte Kinder dagegen kämen sich in ihrer sozialen Umgebung zunehmend unwichtig vor – und könnten dann in der Klasse entsprechend verroht auf sich aufmerksam machen. Verwöhnung wiederum bedeute die permanente Erfahrung, dass einem das Leben schon abgenommen werde – und das erwarte man dann mit der Zeit auch vom Lehrer. Falsche Erziehungsstile erzeugen eine breite

Palette von Minderwertigkeitsgefühlen, die das Lernen des Kindes erheblich erschweren und seine Erfolgszuversicht gravierend dämpfen.

Zudem beschrieb Adler als erster ganz detailliert, wie unterschiedlich es sich auf das Seelische auswirkt, ob jemand in seiner Familie als ältestes, jüngstes oder mittleres Kind aufwachse. So neige ein Erstgeborener dazu, seine Anerkennung durch ein nachfolgendes Geschwister gefährdet zu sehen und um seinen Vorsprung zu bangen. Solche Kinder entwickelten oftmals eine Haltung der Ängstlichkeit gegenüber Neuem und ungewohnten Situationen, seien mithin wenig experimentierfreudig. Ein Nachkömmling hingegen habe immer nur Größere um sich gehabt, die alles immer schon besser konnten als er; wenn es ihm nicht gelänge, zumindest auf einem Teilgebiet aus diesem gefühlten Schatten herauszutreten, könne lebenslanger Pessimismus die Folge sein. Erzieher, die für die Problematik des *Geschwistervergleichs* sensibilisiert seien, könnten solchen Misserfolgssorgen indes wirkungsvoll vorbeugen.

Der individualpsychologische Ansatz fand nach 1960 in den USA durch Rudolf Dreikurs große Verbreitung. Er ist für die Schulfrage auch deshalb so bedeutsam, weil er den Einfluss betont, der allen Eltern – und auch den Lehrern – zukommt. Denn wenn das wesentliche Risiko des Aufwachsens in Entmutigung besteht, dann hat Erziehung in erster Linie Ermutigung zu sein. Adler und Dreikurs wurden deshalb nicht müde, in ihren Aufzeichnungen und Vorträgen dafür zu werben, dass man Kinder umfassend und nachhaltig zu einer „nützlichen Lebensweise" herausfordere. Dass man ihnen zeige, wie sie Zufriedenheit und Erfolg in gleichwertigen Beziehungen zu anderen Menschen finden könnten. Dass man feinfühlig dagegen halten solle, wenn sie aus dem Zustand des Noch-nicht-Könnens eine Perspektive des Niemals-Schaffens ableiten würden. Dann hätten sie keinen Grund, ihren Selbstwert aus der Überlegenheit über andere zu beziehen oder in störenden Aktionen zu suchen. Adlers pädagogisches Credo für die Schulzeit klingt fast ein wenig altbacken – und ist doch von ungebrochener Aktualität: „Die wichtigste Aufgabe eines Erziehers – man kann fast sagen, seine heiligste Pflicht – besteht darin, Sorge zu tragen, dass kein Kind in der Schule entmutigt wird, und dass ein Kind, das bereits entmutigt in die Schule eintritt, durch seine Schule und durch seinen Lehrer Vertrauen in sich selbst gewinnt."

Kann man die Intelligenz fördern?

Auf diese Frage gibt es mittlerweile eine eindeutige Antwort. Sie lautet in Kurzform: Ja, jederzeit! Aber was heißt das? Intelligenz ist eine Eigenschaft, die in unserem Kulturkreis zwar hoch eingeschätzt wird, aber nur sehr ungenau definiert und von anderen Fähigkeiten (wie z.B. Denken, Gedächtnis, Sprachverständnis) abgegrenzt werden kann. Sie ist etwas anderes als Lebenserfolg, Klugheit oder Wissen, und sie ist auch nicht dasselbe wie Motivation, Fleiß oder Konzentration. Man unterscheidet bis zu sieben Primärfaktoren der Intelligenz: Sprachbeherrschung, Rechenfähigkeit, Wahrnehmungs- oder Auffassungsgeschwindigkeit, räumliches Vorstellungsvermögen, schlussfolgerndes oder logisches Denken, Gedächtnis und Wortflüssigkeit. Intelligenz lässt sich nicht direkt beobachten, sie kann aber gemessen werden an der Fähigkeit, Testaufgaben verschiedener Schwierigkeitsgrade zu lösen, die als Modelle für reale Problemsituationen gelten.

Nun ist die Intelligenz eines Menschen nichts Statisches, sondern ein dynamisches Phänomen. In der frühen Kindheit steigt sie rasant an, kommt aber nach der Adoleszenz fast zum Stillstand. Das leuchtet nach den Erkenntnissen der Hirnforschung unmittelbar ein: Mit den ersten Lebensjahren beginnt sich das Netz der Verbindungen zwischen den Nervenzellen auszubilden, eben in dem Maße, wie das Kind anregende Erfahrungen machen und sinnvoll verarbeiten kann. Dieser Prozess zieht sich bis in die Reifungsjahre der Pubertät: Auf fast allen Gebieten, die vom Nervensystem gesteuert werden, finden auch in dieser Phase noch entscheidende Entwicklungsschritte statt. So wächst die Fähigkeit zu Konzentration und Kreativität, zum sprachlichen Ausdruck und zur Verarbeitung abstrakter Inhalte. Gleichzeitig begegnet der Heranwachsende ja bislang unbekannten Fragen und macht damit auch ganz neue Erfahrungen: die sich verändernde Körperlichkeit und die Übernahme einer Geschlechtsrolle; die Unabhängigkeit von den Eltern und die Aufnahme eigenständiger Freundschafts- und Liebesbeziehungen; erste Entscheidungen über die berufliche Zukunft.

Erst in diesen „schwierigen Jahren" stabilisiert sich deshalb auch die persönliche Leistungsmotivation des Heranwachsenden, seine grundsätzliche Einstellung zum Lernen und Bewältigen. Kleinkinder sind noch in einem ganz ursprünglichen, unbekümmerten Sinne tätig, alleine schon deshalb, weil sie den Zustand des Aktivseins und das Erzeugen irgendwelcher Effekte als reizvoll empfinden. Mit der Zeit können sie aber deutlicher wahrnehmen, ob ihr Handeln erfolgreich war oder nicht. Bereits bei Fünfjährigen kann man die Neigung unterscheiden, Tätigkeiten eher zuversichtlich oder eher skeptisch anzugehen – sie haben anscheinend schon einen ersten inneren Gütemaßstab ausgebildet. Spätestens in den ersten Schuljahren sind die Kinder dann auch damit konfrontiert, wie leistungsfähig die Gleichaltrigen sind; der Vergleich mit ihnen fließt zunehmend in ihre Selbsteinschätzung ein. Je größer und sicherer die Erfolgszuversicht eines Kindes bis zur Pubertät geworden ist, umso weniger werden die Turbulenzen dieser Zeit seinen Lern- und Lebensweg beirren können. Erst mit dem Abschluss dieser Reifungsphase kommt es dann zur Verankerung eines mehr oder weniger stabilen individuellen Fähigkeitskonzepts.

Der jeweilige Grad der Intelligenz ist also nichts anderes als die Dichte und Stärke des neuronalen Netzwerks zu einem bestimmten Zeitpunkt. In welcher Weise und wie weit die Intelligenz sich entwickelt, das hängt stark davon ab, wie das einzelne Kind sich beim Aufwachsen fühlt und welche Erfahrungen es machen kann. Man könnte sagen, bei genügender geistiger Anregung und Aktivität kann jeder Heranwachsende jederzeit noch intelligenter werden. Lange gab es eine ideologisch gefärbte Debatte darüber, ob und inwieweit die Intelligenz vererbt sei. Heute ist man sich indes weithin einig, dass Anlagefaktoren und Umwelteinflüsse in einer untrennbaren Wechselwirkung stehen. Man kann also auf die kindliche Entwicklung einwirken – und dies gilt es zu nutzen. Im Übrigen sind Kinder ja nicht nur geprägte und beeinflusste

Wesen, sondern auch höchst aktive. Man könnte also sagen: Es kommt nicht nur darauf an, was ein junger Mensch mit auf die Welt bringt und welche Umstände er im Leben antrifft, sondern auch, was er aus dieser Situation macht.

Abschließend noch eine kurze Bemerkung zu den sogenannten Lerntypen. Diese lange Zeit gängige Unterscheidung wird von modernen Kognitionspsychologen mittlerweile für wenig sinnvoll gehalten. Zwar findet man schon bei Kindern unterschiedliche Vorlieben, mit einem Problem umzugehen. Um einen Weg zu beschreiben, fertigt der eine vielleicht eine Skizze an, während der andere lieber zu Stichworten greift. Das rechtfertigt aber noch keine Schubladisierung in dem Sinne, dass der eine nur visuell, der andere aber ausschließlich auf verbalem Wege arbeiten könne. Wahrscheinlich hatte der eine noch zu wenig Gelegenheit, das Anfertigen von Skizzen zu lernen, während der andere noch nicht so geübt ist, Orientierungsangaben in Worte zu fassen. Aussagen über Lerntypen sind also höchstens Momentaufnahmen; entscheidend ist es, Kinder mit verschiedenen Problemlösungsstrategien vertraut zu machen. Denn manchmal braucht man ein Bild, weil es mehr sagt als 1000 Worte, bisweilen aber ist ein prägnanter Sachtext aussagekräftiger als ein ganzer Film.

Was heißt das für die Schule?

Die Erkenntnisse der Neurobiologie und die neueren Befunde aus Bindungs- und Unterrichtsforschung haben die Bildungsdebatte glücklicherweise ihrer bisherigen Zeitbedingtheit bzw. Unbestimmtheit entrissen. So lassen sich heute eine Reihe von Umständen benennen, die für das schulische Lernen von Kindern zweifelsfrei förderlich sind. Darunter befinden sich auch solche, die lange Zeit als altmodisch galten – seriöse Theoretiker wie Hilbert Meyer geben dies inzwischen offen zu. Das ist aber nicht nur für Lehrer interessant, sondern auch für Eltern: Weil sie das schulische Lernen dann zuhause besser begleiten können. Und weil es ihr Urteilsvermögen für das schärft, was die Schule ihres Kindes mit diesem anstellt.

In einer guten Schule

- bietet der Unterricht einerseits vielfältige Anregungen, andererseits genügend Gelegenheit zur Selbsttätigkeit; die Kinder können verschiedenartige Lernwege beschreiten und individuelle Erfolgserlebnisse haben.

- bestehen klare und anspruchsvolle Ziele für das Lernen, der Stellenwert von Prüfungen wird im Unterricht aber nicht übertrieben.

- werden Irrtümer zwar korrigiert, aber nicht so, dass man sich blamiert fühlt, vielmehr herrscht ein Klima „gemäßigter Fehlerfreundlichkeit"; der Lehrer erleichtert die Mühen des Lernens durch gute Laune und eine Prise Humor.

- tritt der Lehrer zu den Schülern selbstbewusst in eine freundliche Beziehung und versucht, ihren persönlichen Umständen und ihrem individuellen Erleben Rechnung zu tragen.

- achtet der Lehrer darauf, dass die Schüler rücksichtsvoll miteinander umgehen und die Konzentration anderer nicht gestört wird.

- sind die Lerninhalte keine trockene Ansammlung lebensferner Fakten, sondern bedeutsame und interessante Beispiele für allgemeine Prinzipien.

- bildet der Unterricht einen Gegenpol zur sonstigen Reizüberflutung. Neue Lernstoffe werden nur in angemessener Dosierung behandelt und mit bereits Bekanntem verbunden; an frühere Lernstoffe wird durch abwechslungsreiche Wiederholung kontinuierlich erinnert (Vernetzung).

- beherrschen alle Beteiligten die im Unterricht verwendete Sprache gut – sonst scheitern auch die einfachsten Maßnahmen an fehlender Verständigung.

- werden Computer nur dann im Unterricht eingesetzt, wenn der Umgang mit ihnen keine Entwicklungsverluste mit sich bringt. In der Grundschule etwa geht das Eintippen von Schriftzeichen schnell auf Kosten der Feinmotorik bei der Handschrift. Und noch in den frühen Klassen der weiterführenden Schule ist manche geografische Internetrecherche wenig hilfreich, wenn Schüler keine Landkarten lesen können.

Auch in der besten Schule wird Lernen natütlich nicht immer nur angenehm sein oder Spaß machen können. Nun aber zu dem, was die Familie für erfolgreicheres Lernen tun kann. Doch vielleicht sollten wir zuvor noch die Betroffenen selbst zu Wort kommen lassen.

c) Was Kinder und Jugendliche selbst dazu sagen

Spätestens mit der Schule beginnt der Ernst des Lebens, sagt man. Der organisierte Wissenserwerb ist für Heranwachsende eben kein Kinderspiel, sondern ein anstrengender Beruf. Und dazu brauchen sie verlässlichen Rückhalt bei den Erwachsenen – und deren fachkundige Begleitung. Es ist ihnen nämlich keineswegs schnuppe, dass ihre schulischen Leistungen neuerdings so deutlich zu wünschen übrig lassen. Sie selbst fühlen sich unwohl in ihrer Haut und wünschen sich nichts lieber, als dass sie jemand aus dieser nicht selbst verschuldeten Unfähigkeit herausführen möge. Welche Wege sie dabei vorschlagen, das verblüfft allerdings viele Erwachsene – vor allem diejenigen, die glauben, besonders moderne Erzieher zu sein.

So berichtete die Illustrierte *„Stern"* in einer Titelgeschichte im Jahr 2001 über eine große Datenerhebung zur psychischen und körperlichen Gesundheit von Kindern und Jugendlichen in Deutschland. Die Untersuchung erstreckte sich auf 2000 Familien mit Kindern im Alter von 4 bis 18 Jahren, zusätzlich waren 1065 Jugendliche direkt befragt worden. Eines der zentralen Ergebnisse lautete: Eltern geben zwar viel Geld für ihr Ego und ihr Seelenleben aus, wissen aber wenig von dem ihrer Kinder. Wenn Heranwachsende sich einsam fühlen, so ist dies nur 41% ihrer Eltern klar; wenn sie sich Sorgen etwa über den Schulerfolg machen, weiß das nur jedes zweite Elternpaar. Die Studie gipfelte in dem Befund, bei der jungen Generation herrsche ein hohes Maß an Wohlstandsverwahrlosung, und das keineswegs nur in den oberen Schichten der Gesellschaft. Die Eltern versuchten den Kindern viel zu bieten und hätten hohe Erwartungen an sie, gäben sich aber gleichzeitig mit einem niedrigen Niveau an emotionaler Bindung und erzieherischer Einmischung zufrieden. Erstes Fazit: Junge Menschen brauchen mehr Aufmerksamkeit von Seiten ihrer Erzieher.

Einen weiteren Hinweis lieferte vor einigen Jahren die *„Frankfurter Rundschau"*. In der Kolumne „Mut zur Erziehung" äußerten sich dort junge Menschen unterschiedlichen Alters dazu, welchen Erziehungsstil sie als wünschenswert ansähen. Erstaunlich war dabei vor allem die deutliche Absage an jedes Laisser-faire: Eltern sollten streng sein, lautete die Empfehlung von Viertklässlern, sie sollten einem beibringen, wie man sich benimmt, dabei allerdings „nicht ständig herumschreien". Auch Teenager fanden, dass Bestrafen gelegentlich sein müsse, weil einem sonst nicht klar werde, was richtig sei und was falsch. Selbst ältere Gymnasiastinnen fanden es wichtig, dass die Eltern nicht jedem Wunsch der Kinder nachgäben. Zweites Fazit: Junge Menschen haben ein Bedürfnis nach deutlicherer Orientierung von Seiten ihrer Erzieher.

Dass es soweit gekommen ist, dass die jungen Bäumchen dem Gärtner sagen müssen, er solle sie anbinden – wenn auch lediglich vorübergehend und rindenschonend –, ist aber nur auf den ersten Blick überraschend. Schließlich hat die Pädagogik im deutschsprachigen Raum jahrzehntelang alles, was mit Zwang, Kontrolle oder äußeren Anforderungen zu tun hatte, ausgeblendet oder verteufelt – eine Art antifaschistischer Kurzschluss. Grenzen zu setzen war verpönt, Konflikte wurden umgangen, Enttäuschungen galt es zu vermeiden. Dabei hatte das Prinzipienhafte der alten Erziehungsregeln auch eine wichtige Seite: schließlich war es geronnene Lebenserfahrung.

Diese ist uns im „Jahrhundert des Kindes" verloren gegangen. Wir haben vergessen, dass es Heranwachsende einfach überfordert, wenn sie zu früh selbst entscheiden müssen, was für ihre Entwicklung gut ist.

Zu diesen nachdenklich stimmenden Befunden passt übrigens auch, wie Schüler sich einen guten Lehrer vorstellen. Es reiche nicht aus, dass er gerecht sei und schwierige Sachverhalte gut erklären könne. Er solle seine Schüler beim Lernen auch individuell unterstützen. Und es wäre gut, wenn er den Unterricht mit freundlicher Strenge führe. In einer Befragung brachten Siebt- und Neuntklässler eines Gymnasiums das recht unverblümt zum Ausdruck: „Ein strenger Lehrer kann auch nett sein", „der ist wie ein Eimer Wasser, da hört man sofort auf zu träumen"; „bei einem strengen Lehrer strengt man sich mehr an", „da baut man automatisch nicht so viel Mist". Das ist ein bemerkenswerter Wandel: Setzten sich progressive Pädagogen nach 1968 die Aufgabe, für Heranwachsende ein Mindestmaß an Freiheit gegenüber Autoritäten zu erkämpfen, so geht es knapp zwei Generationen später anscheinend darum, junge Menschen vor einer anderen Überforderung zu bewahren: der durch uferlos gewordene Freiheiten.

Die Heranwachsenden selbst wünschen sich also genau das von ihren Erziehern, was auch von Seiten der Wissenschaft als lernförderlich angesehen wird: mehr Aufmerksamkeit, größere Herausforderungen und selbstbewusstere Orientierung. Der folgende Hauptteil dieses Buches soll zeigen, was das im einzelnen bedeuten kann.

4. Wie Eltern beim Lernen ermutigen können

Unser Kind kommt in die Schule – das ist für alle Eltern ein einschneidender Moment. Aber für jeden in unterschiedlicher Weise. Für die einen beginnt eine Art Lotteriespiel, eine lange Kette von Zufällen, von kaum beeinflussbaren Abläufen: In großformatigen Zeitungsanzeigen wünschen sie den I-Dötzchen „Viel Glück", und den Zeugnissen sehen sie stets mit einem gewissen Bangen entgegen. Für die anderen ist es der Anfang einer kräftezehrenden Unternehmung: Sie halten den Lernerfolg ihres Kindes für eine Angelegenheit, die generalstabsmäßig organisiert werden muss. Frühzeitig schon buchen sie Stützkurse in heiklen Fächern, investieren in Nachhilfestunden, reden den Lehrern regelmäßig ins Gewissen. In beiden Fällen wird man Kinder finden, die mit dem Lernen gut zurecht kommen, und andere, die sich sehr schwer damit tun, ja vielleicht gar scheitern. Gute Lernbegleitung, was ist das eigentlich?

Kinder im Schulalter wirken im Hinblick auf das Lernen bereits ziemlich „fertig", also in ihrer Auffassungsgabe und ihrem Arbeitsverhalten einigermaßen stabil. Hans etwa ist schon am ersten Schultag wissbegieriger als Klaus, Sabine konnte bereits die ganze Grundschule hindurch besser mit Zahlen umgehen als Elif, Riccardo strengte sich immer schon lieber an als Jasmin, zumindest bis zur Pubertät. Andererseits erscheint vieles noch offen. Könnten die Leistungsstärkeren ihre Fähigkeiten nicht weiter ausbauen? Und was lässt sich tun, damit alle den Einfluss wechselnder Lehrer oder der Pubertät möglichst gut verkraften? Kann man die anfangs Mutloseren nicht dazu bringen, in bestimmten Fächern – oder gar auf der ganzen Linie – erfolgreicher zu sein?

Die vorangegangenen Seiten haben deutlich gemacht, warum es Kindern das Lernen erleichtert, wenn man ihnen dabei genug inneren Rückhalt gibt, wenn man ihre Kräfte vielfältig herausfordert und wenn man ihnen auch Versagungen zumutet. Mit schöneren Worten hat das bereits vor 50 Jahren der amerikanische Kinderpsychologe Bruno Bettelheim in seinem Buch „Liebe allein genügt nicht" beschrieben. Kinder – so fand er – würden für eine gute Entwicklung mehr als nur die naturwüchsige Begeisterung ihrer Erzieher brauchen. Die Erwachsenen müssten ihnen vielmehr dreierlei nahebringen:

- Du bist beim Lernen nicht allein.

- Du kannst in der Welt viel Faszinierendes entdecken.

- Du kannst unangenehme Situationen aushalten.

In diesem Kapitel wird es nun konkreter: Ich möchte jetzt zeigen, welche erzieherischen Grundhaltungen und Maßnahmen ihrem Kind dabei helfen können, sein Lernpotential besser zu entfalten und seine Leistungsfähigkeit zu steigern, und zwar in jedem der drei angesprochenen Bereiche. Am Ende eines jeden Abschnittes werfe ich dazu auch einen Blick in die Schule. Denn angesichts der vielfältigen Umbrüche und Fragezeichen im Bildungswesen kann es nicht schaden, wenn Sie als Eltern eine fundierte Meinung darüber haben, welche Innovationen im Klassenzimmer lernförderlich sind und welche nicht.

a) Mehr inneren Halt geben!

„Beeil' dich"

„Keine Zeit", so heißt ein Buch der amerikanischen Soziologin Arlie R. Hochschild. Darin beschreibt sie das Verhältnis von Arbeitswelt und Familienleben im Mittleren Westen Amerikas. Sie hat in den neunziger Jahren mit Managern und Bandarbeiterinnen gesprochen, mit Personalleitern, Gewerkschaftern und Sekretärinnen. Insgesamt 130 Menschen haben sich dazu geäußert, wie es ihnen gelingt, Geldverdienen und das Leben mit Kindern in Einklang zu bringen. Manche Antworten klingen fröhlich, andere grimmig, die einen wirken tapfer, die anderen verzweifelt, aber alle drücken das gleiche aus: gar nicht.

Weil nämlich jeder Tag ein dahinhetzender Alptraum sei. Da zerren Eltern ihr Kind schon vor sechs Uhr aus dem Bettchen, um noch eine gemeinsame Stunde miteinander zu verbringen, bevor sich alle um halb acht am Kindergartentor trennen, für den ganzen Tag. Da ist die Mutter bei wichtigen Besprechungen nur halb bei der Sache, weil sie nicht sicher ist, ob ihr krankes Kind heute genügend Pflege bekommt. Da zögert der Vater abends die Heimkehr heraus, weil zuhause ja nur weitere Anforderung wartet, bei den kinderlosen Kollegen aber nette Entspannung. Da klappt das abendliche Abholen der Kinder nicht, weil noch etwas ganz Dringendes zu erledigen war, dann stellt man zuhause fest, dass der Kühlschrank doch leer ist, derweil quengeln die Kinder. Und früh sinkt man vor dem Fernseher in sich zusammen, mal mit, mal ohne Alkohol – auf jeden Fall aber mit Schuldgefühlen, in einer Stimmung des Ungenügens.

Wozu ein solcher Blick über den Großen Teich? Für die Rezensentin des Buches in der Wochenzeitung *„Die Zeit"* lag die Antwort auf der Hand: Wir könnten so vielleicht erahnen, welche Schattenseiten es hätte, wenn wir berufstätige Mütter und ganztägige Betreuungseinrichtungen auch hierzulande flächendeckend einführen würden. Im täglichen Krieg um die Zeit würden ganz einfach die Schwächsten unterliegen, und das seien in diesem Fall unsere Kinder. Der lebendige Austausch mit ihnen, die liebevolle Begleitung werde zum knappen Appell verkümmern: Komm endlich, mach' voran! Und: Beeil' dich, wir müssen los! Kindheit sei dann für die Kleinen nur noch eine Zeit des langen Wartens – auf die Eltern – und für die Großen eine Zeit des langen Hastens – an den Kindern vorbei.

Die Bedeutung der Bindung

Kinder brauchen Wurzeln, das ist wie bei Bäumen. Je tiefreichender und weitverzweigter sie im Boden verankert sind, desto besser können sie wachsen, gedeihen und späteren Stürmen standhalten. Das leuchtet jedem ein, aber im Erziehungsalltag vergisst man den Anfang schnell, weil man schon ans Ergebnis denkt. Schließlich wünscht man sich doch viele Äste, bunte Blätter, wohlschmeckende Früchte. Aber auf die Wurzeln kommt es an, und beim Menschen sind das seine emotionalen Beziehungen zu den ersten Bezugspersonen, zunächst vor allem zur Mutter. Wo diese frühen Bindungen innig, feinfühlig und verlässlich verlaufen, da kann sich beim Kind ein Grundgefühl von Sicherheit und Selbstwirksamkeit bilden. Die Folge: Wenn ein solches Kind Neuem begegnet, muss es nicht ängstlich oder vermeidend reagieren, sondern kann die Sache interessiert untersuchen. Mit anderen Worten: Die Auseinandersetzung mit der Welt, das Lernen dieser Kinder steht auf einer stabilen Grundlage, sie haben bei der Mutter einen sicheren Hafen (secure base nannte der Bindungsforscher John Bowlby das). Sicher gebundene Kinder entwickeln mehr Selbstvertrauen, sind leistungsfähiger, verhalten sich in sozialen Situationen weniger aggressiv, suchen in schwierigen Lebenslagen eher Unterstützung.

Das wirkt sich natürlich besonders günstig auf die Entwicklung in den ersten Lebensjahren aus. Aber auch in der Schulzeit bilden Eltern bei der ständigen Begegnung mit Ungewohntem und Schwierigem noch einen wichtigen seelischen Rückhalt. Viele Mütter und Väter sind aber heute zu sehr mit sich selbst beschäftigt, mit ihrer Karriere, mit ihren Selbstverwirklichungsträumen, oder auch nur mit ihren großen und kleinen persönlichen Verunsicherungen. Und wer keine Zeit für seine Kinder hat, dem entgehen viele Gelegenheiten, sie bei ihrem Lernen zu unterstützen. Er kann nicht genug Anteil daran nehmen, er kann ihre Fortschritte zu wenig anerkennen, er kann ihren ‚Beruf' nicht in ausreichendem Maße wichtig finden. Und das hat Folgen. Der Kinderpsychologe Wolfgang Bergmann hat einmal gesagt: Wer zu viele andere Dinge im Kopf hat, der fühlt sich von seinem Nachwuchs schnell gestört – und wenn das oft vorkommt, dann entwickeln die Kinder eben selbst Störungen, auch beim Lernen. Nicht nur dem Allein-Erziehenden stellt sich dieses Problem, sondern auch allen Zu-Zweit-Vernachlässigenden.

Kinder brauchen es, dass man sie als Wesen wahrnimmt, ihren Äußerungen ein Echo gibt und ihre Entwicklung beachtet. Und an dieser Aufmerksamkeit kann es in vielerlei Familienkonstellationen mangeln, bei bildungsnahen Doppelverdienern ebenso wie bei der Single-Hausfrau in einfachen Verhältnissen. Der australische Familientherapeut Steve Biddulph schildert den Fall eines extrem unruhigen Jungen, dessen Vater Fernfahrer war. Der Junge wurde schlagartig ausgeglichener, als sein Vater erkannte, dass er selbst ja ein so unruhiges Leben führte und sein Sohn deshalb zu kurz kam – nun nahm er den Jungen hin und wieder mit zum Beladen oder in die Werkstatt. Umgekehrt ist es nicht zwangsläufig problematisch, wenn auch Mütter zeitweise berufstätig sind. Es kommt darauf an, ob die Kinder die Mutter wirklich schon entbehren können und ob genügend Zeit für das Familienleben bleibt. Grundsätzlich ist es keine Frage der reinen Zeitmenge, ob Kinder für ihre Entwicklung seelischen Rückhalt verspüren. Entscheidend ist, dass die familiären Kontakte regelmäßig und verläßlich genug zustande kommen und dass das Miteinander zwischen Eltern und Kindern zugewandt und entspannt verläuft. Die Erfahrung lehrt allerdings, dass wenig Zeit allzu schnell Hektik bedeutet, also auch bei bestem Willen und Bemühen mit Oberflächlichkeit und Ungeduld einhergeht. Insofern verdienen Mütter (oder auch Väter), die ihr Leben eine Zeit lang ganz den Kindern widmen, großen Respekt. In einer Zeit, in der Verdienst oder Verwirklichung im Beruf alles zu sein scheint, setzen sie eine andere Priorität: für Sorgfalt und Ausgeglichenheit bei der Pflege der nachfolgenden Generation.

Was ist zu tun?

In der Schule geht Ihr Kind einer interessanten, aber auch anstrengenden Tätigkeit nach: Es versucht zu lernen. Dafür braucht es in seiner Familie, bei Ihnen emotionale Absicherung. Und die hat es zunächst einmal dadurch, dass Sie an seinem Beruf Anteil nehmen. Die direkteste Berührung damit haben Sie ja, wenn es zuhause lernt, also im Zusammenhang mit den *Hausaufgaben*. Vielen Kindern fällt die Arbeit leichter, wenn sie das Gefühl haben, dabei nicht alleine zu sein, weil da noch jemand ist, der auch nicht spielen kann, der auch etwas zu erledigen hat – am besten im Nebenzimmer, nicht zu weit weg und zugleich nicht zu nah dran. Vielleicht stößt Ihr Kind ja zwischendurch auch auf Schwierigkeiten oder Fragen, da wäre es doch schade, wenn es ratlos bliebe, da könnten Sie ermutigend beispringen. Wäre Ihr Kind hingegen nachmittags auf sich gestellt, würde es niemand bemerken, dass es sich jeden Nachmittag so viel Mühe gibt. Und es würde eben auch keinem auffallen, falls Ihr Kind beginnt, seine Arbeiten nicht mehr oder nur unvollständig zu erledigen – weil es ihm vielleicht zu viel Mühe macht oder zu lange dauert – oder weil es einfach mal keine Lust hat. Solche Unlust befällt zwar jeden einmal, aber sie soll ja nicht zur Gewohnheit werden. Deshalb sind Hausaufgaben-Betreuungen in Schule oder Hort allemal besser als „Kevin allein zu Haus", vor allem, wenn sie gut geführt sind und dem Bedürfnis nach Silentium, also nach Ruhe Rechnung tragen.

Wenn die Hausaufgaben dann erledigt sind, wollen sie nicht in erster Linie kontrolliert sein (das ist eher Sache der Schule), sondern gewürdigt! Die Mühe, die Ihr Kind aufgebracht hat („Eine halbe Stunde hast Du jetzt konzentriert gerechnet!"); die Fähigkeit, die es neu erworben hat („Heute hast Du die Erzählung zum ersten Mal fließend gelesen!"); die Sache, mit der es sich beschäftigt hat („Das ist ja ein Gedicht, das richtig nachdenklich macht!"). Eine solche Beachtung seiner kleinen Schritte unterstreicht nicht nur die Bedeutsamkeit seiner Arbeit, sondern strahlt auch in ganz natürlicher Weise Ermutigung aus. Dafür braucht man aber Zeit und Interesse, das läßt sich nicht hektisch zwischen Tür und Angel abwickeln. Und je kleiner ein Kind ist, umso behutsamer muss es geschehen. Je weniger es den Eindruck hat, man wolle es kontrollieren – womöglich noch in gereizter Grundstimmung –, desto besser. Desto eher gewinnt es den Eindruck, das Lernen und die damit verbundene Anstrengung sei etwas Wichtiges, aber auch Selbstverständliches – und sie sei eben seine Sache. Wenn Sie ihrem Kind dagegen ständig über die Schulter schauen, wenn Sie die Arbeit also nicht ihm überlassen, wenn Sie es womöglich unaufgefordert kritisieren und immer alles besser wissen, dann wäre das der beste Weg, ihm die vielleicht ohnehin ungeliebten Hausaufgaben vollends zu verleiden. Schließlich sind Gängelung und Dauerkritik hervorragende Mittel, die Unselbständigkeit und Unzulänglichkeitsgefühle eines Kindes zu verstärken.

Die gleiche Grundhaltung ist gefragt, wenn Ihr Kind Gelerntes und Beurteiltes aus der Schule mit nach Hause bringt – Stichwort *Klassenarbeiten bzw. Tests*. Viele Eltern werfen einen schnellen Blick auf die Note und loben oder kritisieren dann, je nach dem, ob sie ihre Erwartung erfüllt oder enttäuscht sehen. Nun ist nicht nur der Umgang mit Kritik eine recht heikle Angelegenheit im Pädagogischen, auch das Lob hat seine Tücken. Es gibt nämlich Formen des Lobens, die eher schwächen als aufbauen. Wenn man etwa einen kleinen, aber durchaus üblichen Fortschritt überschwenglich lobt, kann das vom Kind auch so aufgefasst werden, dass man ihm eine normale Entwicklung nicht zutraut. Andererseits ist nicht jeder kritische Kommentar verkehrt. Es kommt eben darauf an: Mit welchen Gefühlen man die Kritik äußert (enttäuscht oder anspornend), wie das Kind selbst sich mit dieser Leistung fühlt (ob es zufrieden oder zerknirscht ist), welche Lernhaltung es bislang hatte (ob es sich angestrengt hat oder die Dinge im Vorfeld laufen ließ), und an welchen Punkten eine ehrliche Ermutigung bei ihm ansetzen könnte. Andere Äußerungen sind weitaus wichtiger als Lob oder Kritik: die vollbrachte Anstrengung zu würdigen; sich danach zu erkundigen, wie es dem Kind mit der erzielten Note geht; es bei einer Enttäuschung zunächst zu trösten oder an seiner Freude Anteil zu nehmen. Oft steckt auch in einer 3 viel Arbeit; manchmal ist auch eine 4 bereits ein großer Fortschritt! Dann nehmen sich Kinder oft selbst weitere Verbesserungen vor, und das ist allemal fruchtbarer als elterliches Drängen oder gar Zwingen. Wobei natürlich nichts dagegen spricht, ihnen den Mund in dieser Hinsicht ab und zu ein wenig wässrig zu machen.

Ein Großteil des schulischen Lernens findet indes weit weg von Ihnen statt, in einem Bereich, den Sie weder direkt beobachten noch unmittelbar beeinflussen können – eben in der Schule. Dennoch bleiben Sie wichtige Mitgestalter des Geschehens, wenn auch im Hintergrund. Wenn Sie sich nur schon danach erkundigen, was sich im Klassenzimmer im Laufe von vier oder sechs Schulstunden abspielte – welche fachlichen Neuigkeiten es gab, wo Konflikte auftraten –, dann bedeutet diese Anteilnahme für Ihr Kind, dass Sie das wichtig finden, was es in der Schule treibt. Voraussetzung dafür ist allerdings, dass Ihr Kind sich dabei nicht ausgefragt fühlt, sondern echtes Interesse Ihrerseits empfindet. Das muss nicht unbedingt sofort beim Mittagstisch sein – auch Schulkinder wollen vielleicht erst einmal abschalten. Und ältere Kinder geben womöglich lieber dann etwas von sich preis, wenn man selbst ein wenig vom eigenen Tag erzählt hat. *Gespräche über das Schulleben* sind jedenfalls etwas ungemein Wertvolles, sie offenbaren Seiten und Sichtweisen des Kindes, die Ihnen zuhause verborgen geblieben wären: Ob es gerne gemeinsam mit anderen lernt, ob es sich dabei dominant oder angepasst verhält, was ihm Angst oder Unsicherheit bereitet, welche Lehrer und welche Fächer ihm zusagen und warum das so ist, wie es mit Fehlern umgeht, wie und wo es belastbar ist. Ihr Bild von Ihrem Kind erweitert sich, und das erleichtert Ihnen natürlich die weitere Begleitung.

Umgekehrt kann auch die Schule Ihrem Kind besser gerecht werden, wenn sie es gut kennt. Das kann sie aber nur, wenn Sie es den Lehrern ein Stück weit näher gebracht haben. Viele Eltern besuchen *Lehrersprechstunden und Elternabende* leider höchstens dann, „wenn's dringend ist" – die einen fürchten Kritik von Lehrerseite, den anderen sind die schulischen Mitwirkungsmöglichkeiten zu gering. Dabei ist etwas anderes viel wichtiger für die Entwicklung Ihres Kindes: Erst wenn der Lehrer ein wenig von seinem außerschulischen Leben erfährt (von seinen Hobbies, von seinen Problemen, von seinen Belastungen), hebt sich dieses Kind in seinen Augen deutlicher von der Masse der 30 Schüler dieser Klasse und der 180 Schüler eines Vormittags ab; jetzt erst rundet sich sein Bild von diesem Kind, jetzt erst kann er individueller auf es eingehen und ihm so ein Stück weit gerechter werden. Der regelmäßige offene Austausch der Eltern mit dem Lehrer entreißt ein Kind förmlich der Anonymität, die vor allem in den weiterführenden Schulen eine ständige Gefahr ist.

Dass die verschiedenen *Entscheidungen über die Schullaufbahn* besondere Aufmerksamkeit verdienen, braucht nicht betont zu werden – ich werde darauf noch genauer eingehen. Hier sei nur soviel gesagt: Um etwa zu entscheiden, ob für dieses Kind die Grundschule um die Ecke am geeignetsten ist oder eine bestimmte Angebotsschule in der nahen Stadt, muss man sich von den schulischen Umständen vor Ort bzw. im Umfeld ein möglichst genaues Bild gemacht haben. Denn heute gibt es große Unterschiede zwischen den einzelnen Schulen, und jede wirbt mit einem eigenen Profil. Deshalb sollte man unterscheiden können, was diese Programme im einzelnen bedeuten und welche von ihnen für das schulische Lernen eigentlich förderlich sind und welche nicht – insbesondere in Bezug auf das eigene Kind.

Kehren wir aus der Sphäre der Schule noch einmal zurück in den häuslichen Bereich. Hier gibt es noch eine weitere Ebene, auf der ihre Präsenz gefragt ist. Diese hat allerdings gar nichts mit schulischem Lernen im engeren Sinne zu tun. Ich meine vielmehr das ganz normale *Zusammenleben in der Familie*, das miteinander Essen und Reden, das füreinander Dasein und aneinander Denken. Ihr Kind schöpft daraus das Grundgefühl, dass es auf dieser turbulenten und unübersichtlichen Welt als einzigartig wahrgenommen und anerkannt wird, dass es für alle Lernstürme in der kleinen häuslichen Gemeinschaft einen sicheren Hafen besitzt. Wenn man ihm diese Grundstimmung ermöglicht, wenn man es weder vernachlässigt noch hofiert, dann muss es nicht durch ‚gestörtes‘ Verhalten auf sich aufmerksam machen, dann sind seine Kräfte frei für Wachstum und Entfaltung, für das Bewältigen von Anstrengungen und Schwierigkeiten. Sei es durch schwierige Fächer, sei es durch Konflikte mit Lehrern oder Mitschülern. Zaha Hadid, eine internationale renommierte Architektin, schrieb kürzlich, in ihrer Kindheit sei sie umgeben gewesen von Erwachsenen, die mit ihren Erzählungen ihre Phantasie beflügelt hätten. Die Geschichten der Großen hätten ihr geholfen, die noch ziellosen Energien zu bündeln, mit denen sie als Kind geladen war. So habe ihr Leben Richtung und Kraft gefunden.

Sorgsame Nähe!

Auf den vergangenen Seiten habe ich versucht, eine erzieherische Haltung zu skizzieren, die man als sorgsame Nähe bezeichnen könnte. Vielleicht haben Sie gespürt, dass eine solche Einstellung sich erheblich von der gängigen Selbständigkeitseuphorie in der Pädagogik unterscheidet. In den letzten Jahrzehnten war ja eine ganze Erwachsenengeneration dazu übergegangen, Kinder mehr und mehr sich selbst zu überlassen, auch und besonders was das Lernen angeht. In den siebziger Jahren zunächst zögernd, dann aber immer weitere Kreise ziehend, hatte sich ein neues Leitbild in der Erziehung etabliert. Die Parole hieß „Die kommen schon alleine zurecht!" Behüten war zunehmend „out", Eigenständigkeit galt bedenken- und schrankenlos als „in".

Was aber zunächst eine Aura von Modernität umwehte, das riecht mittlerweile eher nach Kapitulation. Denn es zeigte sich, dass unverhältnismäßige Autonomie Kindern schadet und verweigerter Unterstützung gleichkommt. Das Erziehungsideal der ausschließlichen Selbstentfaltung hat – und das war für viele verblüffend – auf Heranwachsende wie eine Pädagogik der Gleichgültigkeit gewirkt. Sie haben sich vernachlässigt, überflüssig, im Stich gelassen gefühlt. Die Folgen sind allenthalben zu beobachten, nicht nur in den miserablen Leistungsbilanzen des Schulwesens. Auch die Ausbreitung von Drogenkonsum und Vandalismus drückt deutlich die Verunsicherung und Vereinsamung der jungen Generation aus.

Und die Schule?

An den Schulen ist die Selbständigkeitseuphorie ebenfalls nicht spurlos vorübergegangen. Nicht wenige Schulen werben heute mit „neuen Lernformen" oder einem mit vielen Computern ausgestatteten „Selbstlernzentrum". Das klingt gut, aber es heißt genau hinsehen: Bedeutet „Freie Arbeit" dort, dass ein eher mutloser Schüler die Möglichkeit hat, sich mit einfachen Aufgaben zufrieden zu geben und dadurch wichtigen Entwicklungsanstößen zu entgehen? Oder begleitet der Lehrer die Arbeit aller Schüler so sorgsam und individuell, dass jeder zu den für ihn optimalen Lernschritten herausgefordert wird? Und wird das Selbstlernzentrum so gut beaufsichtigt, dass man sicher sein kann, dass dort wirklich jeder intensiv lernt –

oder geht ein Gutteil der Schulzeit für Computerspiele und Internetsurfen verloren?

Was kleine wie große Schüler vor allem brauchen ist, dass Lehrer ihren Bemühungen auch persönliche Aufmerksamkeit zollen können. Dass da ein Erwachsener ist, der Freude an ihren Versuchen, ihren Fragen, ihren Erfolgen hat. Der sich für ihre Fortschritte wie für ihre Schwierigkeiten interessiert. Der genug Zeit hat, ihre Entwicklung zu beobachten, mit ihnen auch einmal ein privates Wort zu wechseln und ihnen die Hilfen zu geben, die sie gerade jetzt benötigen.

Nicht, ob die Schüler möglichst viel alleine lernen, entscheidet über die Qualität einer Schule, sondern ob dort genügend Raum für pädagogische Aufmerksamkeit ist. Gibt es Schüler-Sprechstunden? Wird Hausaufgabenbetreuung angeboten? Kommen „Lese-Omas" oder „Kunst-Profis" in die Schule? Vielfach wären natürlich für solche personellen Maßnahmen größere finanzielle Mittel nötig. Inwieweit Politiker bereit sind, *dafür* die Mittel zu erhöhen, auch daran erkennt man – jenseits aller Worthülsen – die tatsächliche Güte von Bildungsprogrammen.

b) Die Kräfte stärker herausfordern!

„Bildschirmstille"

In der Wochenzeitung *„Die Zeit"* gibt es eine Rubrik mit dem Titel „Ich habe einen Traum". Mehr oder weniger bekannte Persönlichkeiten aus Kultur und Politik erzählen dort regelmäßig ihre tatsächlichen Nachtgedanken oder zumindest ihre gedachten Wunschbilder. Vor einigen Jahren kam dabei die Schriftstellerin Susanna Tamaro zu Wort. Sie gestand, eigentlich nur Uninteressantes zu träumen, außer einem Traum, der ständig wiederkehre. Ihr begegne eine Fee, bei der sie einen Wunsch frei hätte, und sie wünsche sich dann stets, sie könne über ein Virus verfügen, und zwar das Virus der Bildröhrenstille. Ginge der Traum in Erfüllung, würde sie diese Erreger schleunigst freisetzen. Und das würde unser gesamtes Leben radikal verändern, vor allem das Leben unserer Kinder.

Zunächst einmal würde gar nichts geschehen. Anfangs hie und da, mit der Zeit dann aber scharenweise würden die Leute bei den Fernsehsendern anrufen und sich beschweren, dass die Ansagerinnen ihre dezent geschminkten Lippen nur noch lautlos bewegen würden. Dass die diversen Kämpfer nur noch still ihre Grimassen ziehen und ihre Verrenkungen produzieren würden. Dass die Politiker ihre ohnehin schon unglaublichen Versprechungen jetzt auch noch unhörbar von sich geben würden. Die Techniker würden alles untersuchen, aber nichts finden, und so erscheine auf den Bildschirmen immer öfter die Einblendung „Technische Störung – wir bitten um Verständnis". Die Volksmassen wären zunächst bestürzt, dann beklommen und verunsichert – schließlich war das

Glotzen eines ihrer Hauptbedürfnisse geworden, kurz hinter Essen, Trinken und Schlafen – und manchmal weit vor Reden oder Lieben.

Allmählich ginge dann eine Art Aufatmen durch das Land – hier wandele einer seinen nutzlos gewordenen schwarzen Kasten in ein Gewächshaus um, da schraube einer vier Räder unter die graue Kiste und benutze sie als Einkaufswagen, dort werde ein alter Dorfkinosaal wieder eröffnet. Und plötzlich würden die Leute wieder miteinander reden: die Nachbarn auf der Straße, die Familien beim Essen, die Kinder auf den Höfen bei neu ausgedachten Spielen. Nach einigen Monaten indes fänden die Mütter morgens in den Betten ihrer Kinder schwarze Krümel, die wie Pech aussähen und fürchterlich stinken würden. Die alarmierten Kinderärzte fänden in ihren Labors heraus, dass es sich bei den Krümeln um den Fernsehabfall handele, der jahrelang die Organismen der Kleinen vergiftet hatte. Eine Zeit lang litten auch ältere Leute verstärkt unter Hustenanfällen – diesmal waren es die Reste der widerlichen Reality-Shows, die sich von den Atemwegen der Senioren gelöst hatten. Aber dann begänne das Land zu gesunden.

Eine schöne Geschichte zu einem Problem, das weithin für diffuses Unbehagen sorgt. Aber wer hat schon das Virus der Bildröhrenstille zur Hand? Und was hat das Fernsehen überhaupt mit den Schulleistungen unserer Kinder zu tun? In ihrem Buch „Erziehungskatastrophe" bringt Susanne Gaschke es auf eine kurze Formel: Jede Stunde Bildschirm, die man seinem Kind erspart, kommt seiner geistigen und sozialen Entwicklung um ein Mehrfaches zu Gute. Man könnte auch sagen: Fernsehen für Kinder, das ist wie Süßigkeiten für Zähne. Es schmeckt einem zwar, aber es greift einen unmerklich an, und der beste Umgang damit folgt der Regel: Ab und zu ein bisschen – und danach sofort Zähne putzen!

Aber worin besteht eigentlich das Giftige der Flimmerkiste im Jugendalter?

- Der Bewegungsmangel ist noch das Harmloseste, wenngleich ein beispielhafter Aspekt. Wer fernsieht, sitzt, hängt oder liegt herum, bewegt sich also zu wenig, belastet seinen Kreislauf, seine Muskulatur nicht genügend. Dass dabei dann gerne auch mehr als nötig gegessen wird, vorzugsweise Ungesundes, kommt hinzu. Dick und schlaff heißt das Ergebnis.

- Weitaus riskanter ist dagegen die Gewöhnung an Gewalt, die durch die Bildmedien heute unweigerlich stattfindet. Ein Großteil der von Heranwachsenden gewählten Filme behandelt gewalttätige Konflikte, und die sind in dieser Altersstufe besonders faszinierend: Wer sich klein und unzulänglich fühlt, wünscht sich natürlich insgeheim Größe und Allmacht, um gegen jede Bedrohung gewappnet zu sein – da kommen einem die aggressiven Helden der Filmwelt gerade recht, mit ihnen kann man sich zumindest vorübergehend identifizieren. Das ist aber ein schlechtes Vorbild für das eigene Verhalten in zukünftigen Konflikten. Schließlich sollen Kinder lernen, Auseinandersetzungen zivilisiert, also ohne den Einsatz von Gewalt zu bestehen. Außerdem trägt die aggressiv aufgeladene Filmwelt zu einem unrealistischen Bild vom Leben bei, denn viele der gespielten Bedrohungen existieren in Wirklichkeit gar nicht. So werden bereits bestehende Lebensängste langfristig nicht gemindert, sondern eher verstärkt. Das gilt übrigens erst recht für das Riesenarsenal brutaler Video- und Computerspiele, das unsere Jugend quasi unkontrolliert überflutet. Dort begibt sich der Heranwachsende aktiv in die Rolle des lebensverachtenden Kämpfers, und er macht permanent die – wenn auch nur virtuelle – Erfahrung, dass eine aggressiv-dominante Lebensweise Erfolg hat.

● Für unsere Fragestellung noch wichtiger ist allerdings eine „Vergiftung" verborgener Art. Wer fernsieht, schaut dem Leben zu, anstatt es selbst zu leben; er ist passiv, statt seine eigenen Kräfte walten zu lassen – und dabei zu stärken. Das mag für Erwachsene ab und zu erbaulich sein, im Entwicklungsalter ist es aber geradezu fatal. Vor der Glotze geht Kindern unheimlich viel Zeit verloren, in der sie innerlich wachsen könnten. Gleichzeitig werden ihre Lebensvisionen unrealistisch, bekommen sie doch ständig Welten vorgespielt, die ebenso attraktiv wie unerreichbar sind. Zudem gewöhnen sie sich an ein Leben in Oberflächlichkeit, werden sie doch andauernd von einer Flut von Bildeindrücken umspült, die zwar irgendwie faszinieren, aber nicht wirklich verstehbar sind.

Das Fernsehen enthält Kindern und Jugendlichen also vielfach genau das vor, was für die Ausbildung wichtiger Grundfähigkeiten geradezu unverzichtbar ist: Dass sie zu eigenen Aktivitäten herausgefordert werden, dass sie dazu ermutigt werden, eine bislang nur mäßige Fähigkeit zu verbessern oder sich an neuen Problemstellungen zu versuchen. Das Leben mit, genauer ja: vor dem Bildschirm ist geradezu eine Art Negativbeispiel dafür, was man als die zweite Säule elterlicher Ermutigung beim Lernen und Leben bezeichnen könnte: Herausforderung statt Entlasten, Ermutigung anstelle von Abnehmen oder gar Abstumpfung.

Bei Computerspielen liegen die Dinge ein wenig anders, das Problempotential ist aber vergleichbar. Wolfgang Bergmann hat beschrieben, warum das Leben an der Tastatur für junge Menschen so attraktiv ist. Der Einzelne hat etwas, worauf er sich verlassen kann; er kann selbstbestimmt zur Geltung kommen, er bewältigt Ansprüche und erlebt Selbstwirksamkeit, er hat Weltkontakt ohne den für Heranwachsende oft so irritierenden emotionalen Kontakt. Zwar kann man dem Computer im Kinderzimmer durchaus nützliche Seiten abgewinnen – man denke etwa Vokabellernen oder Internetrecherche –, aber seine Risiken sollten nicht unterschätzt werden. Allzu schnell wird das Streunen in den unbegrenzten Webwelten zum Lebensstil; allzu leicht stabilisiert der scheinbare Zugriff auf alles Mögliche das kindliche Omnipotenzgefühl und nimmt ihm die Lust auf die Mühen des Lernens in der Wirklichkeit; allzu oft führt Kontaktarmut zur Einsamkeit, tun die Reizthemen Gewalt und Sex ihre deformierende Wirkung.

Das Risiko der Verwöhnung

Kinder bewusst herausfordern, das ist aus verschiedenen Gründen heute wichtiger denn je. Zum einen hat die technische Entwicklung unser Alltagsleben derart vereinfacht, dass man als junger Mensch den Eindruck gewinnen kann, das Leben erfordere keine größere Anstrengung. Wenn man morgens erwacht, stehen Wasser, Wärme und Licht bereits bereit; die Hausarbeit wird mehr und mehr von Maschinen erledigt; die Mahlzeiten erwirbt man mehr oder weniger in zubereitetem Zustand. Das bedeutet insbesondere für Kinder und Heranwachsende: Sie haben fast alles – und brauchen fast nichts dafür zu tun.

Zum anderen ist die Zahl der Kinder in den meisten Familie drastisch zurückgegangen. Seltsamerweise ist gleichzeitig die Neigung der Erwachsenen gestiegen, nicht nur das Beste für diese zu wollen, sondern auch den Weg dahin für sie zu erledigen – ihnen ihre Entwicklung also abzunehmen. Je weniger Kinder man hat, umso besorgter ist man um sie – sollen sie's beim Aufwachsen nur möglichst angenehm haben. Also nimmt man ihnen alle möglichen Tätigkeiten aus der Hand, die sie eigentlich – wenn auch zunächst langsam und unter Schwierigkeiten – alleine bewältigen und daran wachsen könnten. Und schon steckt man in der Verwöhnungsfalle.

Verwöhnung in der Erziehung meint mehr und ist gefährlicher als die Überhäufung eines Kindes mit Süßigkeiten. Es ist eine pädagogische Haltung, die nicht die Zähne schädigt, sondern die kindliche Lernfreude dämpft oder blockiert, und zwar ganz erheblich. Wer nämlich zuviel getragen wird, dessen Kräfte lassen ebenso nach, wie seine Ansprüche an andere wachsen. Unnötige Entlastung, das bedeutet für junge Menschen Unterschätzung – und damit vermeidbare Schwächung. Wer Kindern dagegen keine ihrer Möglichkeiten vorenthalten, wer wirkliche Lebenstüchtigkeit hervorrufen will, der darf deshalb nicht auf Schongang setzen. Es kommt vielmehr auf

Herausforderung an: ihnen hin und wieder auch einen geeigneten Stein in den Weg legen, sie zu Neuem oder Besserem anregen, ihnen Anstrengungen zumuten, ihnen Bemühungen abverlangen.

Was ist zu tun?

Beginnen wir diesmal etwas früher, quasi vor der Schulzeit. In den letzten Jahren ist die Bedeutung der *vorschulischen Bildung* deutlicher erkannt worden. Die Kindergärten sind neuerdings bestrebt, den Kindern mehr als nur ungehinderte Selbsterfahrung und vielfältige Beziehungserlebnisse zu ermöglichen – eine Zeit lang hatte ja niemand ein schlechtes Gewissen, wenn ein Kind tagelang im Matsch spielte. Allerorten wurde damit begonnen, die Fähigkeiten speziell der Fünfjährigen aktiv und vielfältig zu fördern. Zum einen, weil sich dieses Alter als so hochgradig lernaktiv erwiesen hat, zum anderen, weil man gerne jedem Kind möglichst gute Startbedingungen beim Schuleintritt mitgeben möchte.

In dieser Altersphase fragen sich auch die Eltern häufig, wie sie die Entwicklung ihres Kindes unterstützen können. So richtig es ist, wenn man nicht nur darauf warten will, dass sich das Kind von selbst entfaltet, so fatal wäre jede Form von verschultem Frühlernen. Entscheidend ist, dass Kinder vielfältige und anregende Sacherfahrungen machen können. Donata Elschenbroich, Kindheitsforscherin am Deutschen Jugendinstitut in München, hat zusammengetragen, über welche Grundfertigkeiten Siebenjährige verfügen sollten, wenn sie in die Schule eintreten, welche Lebenserfahrungen ihnen bis dahin zu wünschen wären. Ihre „Welt-Wissen-Liste" führt nicht in erster Linie Kenntnisse auf, die man abfragen kann. Es handelt sich vielmehr um eine Sammlung von Beobachtungen, die ein Kind zu selbsttätiger Nachahmung anregen, um Fragestellungen, die es experimentieren lassen, um Erfahrungen, die in seinem Geist wichtige Spuren hinterlassen können. Hier einige Beispiele aus dieser Liste:

„Eine Nachtwanderung machen, bei der es einige Sternbilder kennenlernt; mit Gehörlosensprache oder Blindenschrift in Berührung gekommen sein; ein einfaches Musikinstrument selbst bauen und Stille als Teil von Musik erfahren; ein Baby wickeln und ausdrücken können, was dem eigenen Körper gut tut; durch ein Teleskop schauen und gemeinsam mit anderen eine Mauer bauen; wissen, was ein Kompass ist, oder Grundwasser, oder ein Architekturmodell; einige Anwenderprogramme im Computer kennen, das ein oder andere Gedicht aufsagen oder die Formen der Begrüßung in zwei Kulturen darstellen; zwei Zaubertricks und zwei Kochrezepte beherrschen, oder etwas repariert haben; Begebenheiten aus dem Leben der Großeltern erzählen, einen Streit aus gegensätzlichen Positionen darstellen, ein Beispiel für Ungerechtigkeit beschreiben können; mit einem Experten zu tun haben oder neben einem Künstler arbeiten; in einer Werkstatt gewesen sein, in einem Gotteshaus, in einem Museum; auf einer Bühne anderen etwas vortragen, für einen guten Zweck etwas spenden; einen Verbesserungsvorschlag machen, der von anderen auch in die Tat umgesetzt wird ..."

Sobald die Schule dann begonnen hat, spielen die *Hausaufgaben* wieder eine wichtige Rolle – auch beim Thema Herausforderung. Hausaufgaben sind ja bei Schülern nicht gerade beliebt: Weil man sie machen muss, weil man dabei ganz auf sich gestellt ist, weil man dabei mit eigenem Unvermögen konfrontiert ist – und weil es tausend Dinge zu tun gibt, die einem weitaus reizvoller erscheinen. Das war immer schon so und wäre nicht weiter tragisch, wenn nicht mehr und mehr Eltern auf diese Schülermoral hereinfallen würden: Hier sieht eine Mutter ihren zuhause eher verwöhnten Sohn über Gebühr belastet. Da glaubt ein Vater, das daheim recht vergötterte Töchterchen werde unzumutbar in seiner Freizeit beschränkt.

Dabei sind Hausaufgaben aus einem doppelten Grund wichtig und sinnvoll. Zum einen geben sie Gelegenheit, das zu vertiefen und zu trainieren, was im Unterricht angesprochen oder erarbeitet wurde. Wollte man dieses Übungsfeld der Schule überlassen, müsste man für alle Schüler mehrere Stunden nachmittäglichen Unterrichts zusätzlich organisieren. Zum anderen stellen Hausaufgaben eine einzigartige Möglichkeit dar festzustellen, inwieweit man den Stoff des Vormittags tatsächlich schon verstanden hat. Einzigartig deshalb, weil der Unterricht selbst dies kaum zulässt, und das nicht nur aus Zeitgründen. Heute ist es nämlich nicht mehr die Ausnahme, sondern die Regel, dass sich Schüler in Übungsphasen schon bei der ersten kleinen Unklarheit an den Nachbarn wenden ("Du, wie geht das?") und dessen Antwort dann mehr oder weniger gedankenlos notieren. Zuhause müsste man ja zumindest erst zum Telefon gehen, um jemand anzurufen, und bevor man sich das antut, würde man vielleicht doch kurz selbst überlegen. Und auf genau diese tatsächliche und eigenständige Auseinandersetzung kommt es an. Eltern müssen also geradezu froh sein, wenn Lehrer in ausreichendem Maße Hausaufgaben erteilen.

Schwieriger ist da schon die Frage: Sollen Eltern eigentlich bei den häuslichen Übungen helfen? Sollen sie nur den Zeitpunkt bestimmen, wann die Aufgaben gemacht werden, sollen sie das Erledigte auch kontrollieren, sollen sie sich bei Unklarheiten gar mit dazusetzen? Die Problematik ist ein wenig zweischneidig. Einerseits ist es gut, wenn Eltern der schulischen Arbeit ihres Kindes nicht nur Aufmerksamkeit schenken, wenn es (schlechte) Klassenarbeiten geschrieben hat oder Zeugnisse bekommt. Andererseits kann elterliche Hilfe aber auch schnell zu einem heiklen Unterfangen werden: Eine Mutter etwa lässt sich vielleicht vom schnellen „Kann ich nicht!" ihrer Tochter zu eigentlich unnötiger Hilfe verleiten – und verstärkt so deren Passivität und den Eindruck von Unzulänglichkeit. Oder ein Vater bemerkt nicht, dass seine Ungeduld und Ärgerlichkeit den Sohn keineswegs ermutigt, sondern nur dessen Unsicherheit steigert.

Lassen Sie sich also nie dazu verlocken, die Hausaufgaben für Ihr Kind zu lösen – oder die Arbeit mit ihm zu teilen. Das heißt natürlich nicht, dass Sie ihm bei Schwierigkeiten keinen weiterführenden Hinweis geben dürften. Erliegen Sie aber nicht seinem etwaigen Jammern, sondern nehmen Sie seine Fragen interessiert entgegen – vielleicht müssen Sie sie auch erst ein wenig hervorlocken – und helfen Sie bei der Suche nach einer Antwort. Verweisen Sie es auf Möglichkeiten, wie man Unklarheiten selbständig beheben kann, etwa indem man Bücher zu Rate zieht („Das weiß ich auch nicht, sieh doch mal unter dem Stichwort im Lexikon nach.") oder indem man einen Klassenkameraden anruft („Da bin ich mir unsicher, aber deine Mitschüler müssten es doch genauer wissen, die waren doch heute vormittag dabei."). Natürlich werden Sie auch hin und wieder selbst eine Antwort geben. Aber es ist keineswegs schlimm, wenn Sie selbst sich in einem Gebiet nicht auskennen, im Gegenteil: Nichts fordert Kinder so heraus wie die Möglichkeit, über die Mutter hinauszuwachsen, endlich den Vater zu übertrumpfen – selbst also größer zu werden als diejenigen, die bisher immer alles besser wussten. Und es ist auch keine Tragödie, wenn ihr Kind die eine oder andere Aufgabe nicht oder nicht vollständig lösen kann – es kann ja am nächsten Tag im Unterricht entsprechende Rückfragen stellen.

Die häuslichen Übungen sind allerdings nur der häusliche Vorposten der schulischen Herausforderungen. Da sind einmal *Tests und Klassenarbeiten*, in denen der jeweilige Lernfortschritt dokumentiert werden soll. Zum anderen erwartet die Schule von den Kindern, dass sie im *Unterricht* mitarbeiten, dass sie das gemeinsame Lernen nicht stören, dass sie nicht aus der Reihe tanzen, dass sie hilfsbereit sind, dass sie den Weisungen der Lehrer folgen. Das alles findet in der Regel auch volle elterliche Zustimmung – bis es beim eigenen Kind konkret wird. Da stimmt man dann doch schnell der Klage zu, diese oder jene Aufgabe im Test sei nun wirklich unlösbar, zumindest unverständlich formuliert gewesen; da glaubt man auch gerne der Versicherung, die Mitschüler seien die wahren Störenfriede gewesen, einen selbst aber habe der Lehrer ohnehin schon seit längerem auf dem Kicker. Und schon liegt man in Sachen Herausforderung auf der Nase.

Niemand würde behaupten, dass alle Pädagogen gleich gut sind und jeder Lehrer stets unanfechtbar entscheidet – aber das ist auch gar nicht entscheidend. Wesentlich ist vielmehr, dass Kinder lernen, Anforderungen nicht abzuwehren, sondern als Herausforderungen anzunehmen. Denn die Schule hat ja gerade die Aufgabe, junge Menschen aus der familiären Fürsorge herauszuführen und allmählich gesellschaftlichen Ansprüchen auszusetzen. Natürlich fällt ihnen diese Konfrontation mit dem Ernst des Lebens zunächst schwer. Aber jede Abschwächung wäre dabei ein schlechter Liebesdienst; was sie jetzt brauchen, ist vielmehr elterliches Verständnis und deren Ermutigung. Hier einige Anregungen für familiäre Dialoge:

- „Den nächsten Test verhau' ich bestimmt!"

  Das Gefühl hätte ich vielleicht auch; aber ich glaube, Du hast noch Reserven, Du kriegst auch noch Anspruchvolleres als bisher hin.

- „Die Arbeit war viel zu lang!"

  Stimmt, das war nicht wenig Stoff; vielleicht bist Du an einer Aufgabe zu lange hängengeblieben; vielleicht musst Du dein Tempo auch einfach noch steigern, vielleicht durch frühzeitiges Üben, oder zusätzliche Aufgaben.

- „Der stellt immer viel zu schwierige Aufgaben!"

  Tja, knifflig ist das schon, aber wenn er nur Fragen stellen würde, die ihr im Handumdrehen geknackt kriegt, kämt ihr ja gar nicht vorwärts – und Dir wär' auch schnell langweilig.

● „So viel Einsatz und dann nur 'ne Drei!"

Im einen Fall: Klar, eine Zwei wäre schöner, aber deine Drei war schon ein großer Schritt voran.
Im anderen Fall: Also jetzt mal ehrlich: Eine Zwei wäre doch ziemlich gelogen, da war doch gar nicht so viel Einsatz bei dir.

● „Das war heute echt ungerecht!"

Bring doch deinen Standpunkt noch einmal in Ruhe zur Sprache; aber bedenke auch, dass jede Entscheidung auch die Belange der anderen berücksichtigen muss.

Auch bei den verschiedenen *Entscheidungen über die Schullaufbahn* stellt sich die Frage, worin der jeweils fruchtbarste Ansporn für ein Kind besteht. In der Frage der Einschulung etwa scheint ein Mittelweg am günstigsten zu sein. Zögert man den Schulbeginn zu sehr hinaus, bleibt kostbare Lernzeit ungenutzt; setzt man den ersten Schultag aber zu früh an, riskiert man unnötige Überforderung durch vorzeitige Verschulung und zu frühen Vergleich. Bis vor kurzem neigten viele Eltern noch dazu, das scheinbare Paradies der Vorschulzeit in die Länge zu ziehen. Mittlerweile gibt es einen neuen Trend zur Früheinschulung, und die Kinderärzte in Deutschland weisen auf dessen ungünstige Folgen hin: Häufigere Klassenwiederholungen und Verhaltensauffälligkeiten. Die besten Startchancen für das schulische Lernen hat ein Kind dann, wenn es eine bestimmte sozial-emotionale Reife erreicht hat – die amtlichen Schulfähigkeitsprofile charakterisieren diese.

Auch die Wahl der weiterführenden Schule beinhaltet eine heikle Verlockung. Wenn man zwischen zwei Schulformen schwankt, ist die Wahl der höheren keineswegs immer die bessere. Die Ansprüche des Gymnasiums etwa sind zwar grundsätzlich herausfordernder als die der Realschule, aber das nützt wenig, wenn das Kind in seinem derzeitigen Leistungsvermögen absehbar überfordert ist. Dann wird es nach kurzer Zeit zum fünften Rad am Wagen, dann wird es früher oder später eine Klasse wiederholen oder letztlich gar die Schulform verlassen müssen. Zurück bleibt ein gerade in der Pubertät frustrierender Eindruck, der folgenreich ist und häufig vermeidbar gewesen wäre. Könnte sich das Kind dagegen in einer gut geführten Real- oder Hauptschule in der Spitzengruppe seiner Klasse positionieren, so würde es dadurch wohl enorm beflügelt. Und je nach Interesse und Noten könnte es dann am Ende der 10 in die gymnasiale Oberstufe wechseln. Lieber also zu einem bedächtigen Aufstieg raten als einen überraschenden Abstieg riskieren!

Und nur keine Scheu vor dem Einstieg in die Berufswelt! Kinder, die sich schon in der achten Klasse mit dem Bücherlernen herumquälen und in der 10 keine neue Freude daran entwickelt haben, würden bei einer handwerklichen Ausbildung vielleicht aufblühen. Glücklicherweise gibt es heute vielerlei Möglichkeiten, das Abitur zu einem späteren Zeitpunkt zu absolvieren – nachdem man eine Zeit lang zugepackt hat und ein Stück weit erwachsener geworden ist. Wäre ein solcher Weg nicht besser, als in den kraftstrotzenden Jahren zwischen 15 und 18 den Eltern gelangweilt auf der Tasche zu liegen und den Mitschülern die Freude an der Theorie zu vergällen?

Wenden wir auch beim Aspekt Herausforderung den Blick noch einmal zurück auf den häuslichen Bereich. Nicht nur in Bezug auf die schulischen Dinge, auch *im übrigen Leben* spielt es eine große Rolle, wie Sie auf Fragen Ihres Kindes eingehen, wie Sie seine Aktivitäten kommentieren, ob Sie Anstöße zu neuen Interessen geben. Der gesamte Umgang mit ihm kann Stillstand begünstigen oder Entwicklung, Verzagtheit oder Offenheit, Rückzug oder den Drang nach Vorwärts. Beurteilen Sie selbst:

- Die eine Mutter gibt auf jede Frage des Kindes eine unanfechtbare und womöglich erschöpfende Antwort; es wird vielleicht beeindruckt sein und staunen, ihm bleibt aber auch nur wenig Raum zu eigenem Nachdenken. Die andere greift seine Fragen interessiert auf, nimmt sie als Anlass zu eigenen Gedanken, steuert zur Antwort vielleicht nur ein Stückchen bei; der junge Lerneifer wird dadurch womöglich stärker angestachelt. Hier kann der Eindruck „ich weiß nie was" zurückbleiben, dort das Gefühl „ich kann was entdecken und bin dabei nicht allein" entstehen.

- Der eine Vater lässt sich von den besonderen Interessen seiner Kinder – das eine entwickelt sich zum Steine-Spezialist, das andere verschlingt alles über Pyramiden, ein drittes wird zum Gitarren-Experten – ein Stück weit faszinieren und spornt damit zusätzlich an. Der andere reagiert zurückhaltend oder skeptisch auf solche Liebhabereien, weil er sich für sein Kind ein anderes Hobby gewünscht hätte oder weil dieses Steckenpferd für ihn selbst vielleicht einfach fremd oder ungewohnt ist.

- Der eine belässt es bei den oft fragwürdigen Anstößen, die die Kinder auch ohne unser Dazutun aus ihrer Umwelt entnehmen, von ihren Freunden, aus dem Fernsehen. Der andere führt sie auch aktiv an dieses oder jenes staunenswerte Phänomen heran: die Familie nimmt an Museumsaktionen teil, liest in den Ferien gemeinsam ein Buch, diskutiert miteinander einen interessanten Zeitungsartikel.

So besteht das Leben mit Kindern aus einer Vielzahl kleiner und größerer Handlungen, die ermutigend wirken oder schwächend sein können. Man bindet ihm schnell selbst die Schuhschleife, weil sie bei ihm doch noch nicht so gut hält; man meint, es dauernd unterhalten zu müssen und nimmt ihm so die Möglichkeit, seine Zeit selbst einzuteilen und zu gestalten; man fährt es bei jedem Wetter zur nahen Schule, obwohl das zu Fuß oder per Rad nicht nur gesünder, sondern auch aktiver wäre. Der Kampf gegen die Versuchung zur Verwöhnung ist ein ständiger – und wird manchmal nicht ungern verloren!

Eine wichtige Rolle für Ihr Kind spielt es übrigens, wie Sie selbst zum Thema Wissen, Lernen und Anstrengung stehen. Sind Sie ein wissensdurstiger und (im positiven Sinne) neugieriger Mensch, haben Sie Spaß daran Fragen nachzugehen, nehmen Sie Probleme eher als drückende Belastungen oder als spannende Herausforderungen? In all dem sind Sie ihrem Kind nämlich leuchtendes Vorbild – oder eben abschreckendes Beispiel. Durch ihre eigene Lebensweise nehmen Sie – ob Sie wollen oder nicht – erheblichen Einfluss darauf, ob Ihr Kind sich das Leben als eine interessante Baustelle vorstellt – oder eben als ein Schlaraffenland bzw. ein Jammertal. Ob es also

ein Bewältigungstyp wird – oder eben ein Anspruchs-
bzw. Klagecharakter. Wobei man sich diese *Vorbildwirkung*
nicht schematisch vorstellen darf: Heranwachsende lassen sich nicht vorschreiben, mit wem oder was sie sich
identifizieren. Sie wählen ihre Richtschnur vielmehr, und
das meist in einem höchst individuellen patchwork-Akt.
Wer von den Eltern auf sie welchen Eindruck macht, welche Eigenschaften von ihnen als attraktiv angesehen werden, das hängt davon ab, mit wem sie sich in welchen
Bereichen identifizieren. Und das ist ein relativ autono-
mer, jedenfalls nicht direkt beeinflussbarer Akt.

Auch eine scheinbar so banale Angelegenheit wie die
häusliche Mitarbeit spielt in unser Thema hinein. Viele
Familien gleichen heute eher einem Jugendhotel: Der
Einkauf, die Zubereitung der Mahlzeiten, die Reinigung
von Garderobe und Wohnung, das alles erfolgt pünktlich,
wunschgemäß und ohne größere Beteiligung der jungen
Leute. Dabei wäre die Hausarbeit ein einzigartiges Lern-
und Entwicklungsfeld: Man muss sie regelmäßig tun,
man muss dabei verlässlich sein, man muss sich miteinander abstimmen. Dafür erwirbt man ein heute selten
gewordenes, aber kostbares Gefühl: gebraucht zu werden;
bei Sinnvollem wichtig zu sein. Nicht in der Phantasie,
sondern in der Realität – wo jeder mit seinen Fähigkeiten
und Vorlieben zum Zuge kommen kann. Kleine Kinder
wollen ja meist noch ganz ungebremst mithelfen; die
Größeren aber ziehen schnell lange Gesichter und win-
ken ab. Hier ist dann etwas schief gelaufen. Vielleicht hat
man ihnen die Mithilfe zu oft nicht zugetraut und damit
verleidet. Oder sie haben gelernt, dass man verschont
wird, wenn man nur deutlich genug mault. Jedenfalls ein
klarer Fall von misslungener Herausforderung.

Ermunternde Herausforderung

Auf den vorangegangenen Seiten habe ich versucht, eine erzieherische Haltung zu skizzieren, die man als ermunternde Herausforderung bezeichnen könnte. Sie zielt darauf, die Potentiale des Kindes auf möglichst breiter Front zu wecken. Gleichzeitig kann sie den Erwachsenen davor schützen, immer wieder ungewollt in die ‚Verwöhnungsfalle' zu tappen. Schließlich ist es ein verführerischer Trend, dem Kind Tätigkeiten abzunehmen oder gar nicht erst zuzutrauen, die es alleine bewältigen – und dabei daran wachsen könnte. Unter dem Motto „Das ist doch noch zu schwer!" hat sich die Überzeugung breit gemacht, es würde die Entwicklung junger Menschen fördern, wenn man ihnen die Begegnung mit dem Ernst des Lebens, insbesondere also den Mühen des Lernens möglichst erleichtere.

Wer sich heute umschaut, muss indes feststellen, dass sich übertriebene Fürsorglichkeit offenbar keineswegs stärkend auswirkt, sondern entmutigend. Geringe Belastbarkeit beim Lernen, Ängstlichkeit vor Prüfungen, Langeweile in der Freizeit – das sind nur einige der gängigen Folgen einer Pädagogik der Ermäßigung und Verschonung. Wer junge Menschen ständig in Watte packt, wer sie nicht immer wieder auch zu Neuem oder Besserem anregt, ihnen alle möglichen Anstrengungen ersparen will, wer versucht sie permanent bei Laune zu halten und ihnen das Leben wunsch- und mundgerecht zu servieren, wer ihnen zu viele Steine aus dem Weg räumt, der unterschätzt sie und enthält ihnen wichtige Entwicklungsanreize vor. Der verwöhnende Erziehungsstil bewirkt letztlich eine Schwächung des Kindes, die leicht vermeidbar wäre.

Und die Schule?

Auch im schulischen Bereich lauern mittlerweile jede Menge Verwöhnungsfallen. Das beginnt schon beim kleinen pädagogischen Handwerkszeug:

● Mancher Mathelehrer hat lange Zeit auch schon bei jüngeren Schülern achselzuckend die Benutzung des Taschenrechners akzeptiert – kein Wunder, dass bei vielen Schülern jede Vorstellung vom Zahlenraum diffus blieb.

● Kunstlehrer nahmen häufig Bilder an, die nicht zu Ende oder ohne Sorgfalt gemalt wurden – die Erfahrung, selbst ausdrucksvoll und überzeugend gestalten zu können, wurde so sicher nicht gemacht.

● Bei vielen Deutschlehrern war seit längerem das Auswendiglernen von Gedichten verpönt – dabei blieben aber nicht nur literarische Inhalte auf der Strecke, sondern auch das Training des kindlichen Gedächtnisses.

● Beim Thema Hausaufgaben schließlich hat die Infektion mit dem Verschonungsvirus beinahe schon flächendeckende Ausmaße angenommen: Der Englischlehrer gibt zwar viel auf, kontrolliert es aber nicht; in Biologie heißt es: „Kuckt euch mal die Seiten 22 bis 25 an!", was aber kaum einen der Schüler schert; andere Lehrer verzichten von vornherein auf das häusliche Training: der eine, weil er unsicher ist, wie er auf Versäumnisse reagieren soll, der andere, weil er fürchtet, für Kinder aus beengten Verhältnissen oder bildungsfernen Schichten bedeute das eine weitere Benachteiligung.

Ein Lehrer, der wenig von seinen Schülern erwartet, ist keineswegs ein optimaler Lehrer – wenn diese auch zunächst über geringe Anforderungen erleichtert sein mögen. Desgleichen hält auch nicht jeder als innovativ ausgegebene Unterrichtsstil zwangsläufig, was er verspricht:

- So sind Lernwerkstätten oder Freiarbeitsphasen nur dann förderlich, wenn darauf geachtet wird, dass insbesondere die mutloseren Schüler vor anspruchsvolleren Aufgabenstellungen nicht ohne weiteres ausweichen können, und wenn der Lehrer die gewonnene Zeit tatsächlich für individuelle Beobachtung und Hilfestellung nutzt.

- Auch ist Gruppenarbeit nicht grundsätzlich die bessere Arbeitsform, sondern nur dann, wenn der Lehrer dafür sorgt, dass sich alle Teilnehmer einer Arbeitsgruppe dem Thema mit der nötigen Intensität zuwenden – ansonsten kommt es zu den unnötigen und vielbeklagten Schereneffekten: Die ohnehin schon Guten werden noch besser, die anderen treten mehr oder weniger auf der Stelle.

- Selbst der Siegeszug des Computers im Klassenzimmer ist ein zweischneidiges Schwert. Tatsächlich kann einem die Maschine im 6. Schuljahr das Vokabellernen erleichtern, oder sie erlaubt einem in der Klasse 10 eine interessante Politik-Recherche. Aber sehr schnell wird die Maschine auch missbraucht: für oberflächliches Surfen, blödes bis riskantes Chatten, brutale Spiele. Bis über die Grundschule hinaus ist der PC meist weniger ein Ermöglicher als ein Verhinderer: von Anfassen, von Sinneseindrücken, von motorischem Training, von Zusammenarbeit.

Was Schüler für einen optimalen Lernerfolg brauchen, ist nicht, dass der Lehrer jeden Tag etwas Neues wagt, sondern dass er konsequent umsetzt, was sich bewährt hat oder eingehend geprüft wurde. Was den Aspekt Herausforderung angeht, bedeutet das zweierlei: Das Unterrichtsniveau sollte anspruchsvoll sein, und der Unterrichtsverlauf sollte den Schülern Gelegenheit geben, das Thema möglichst intensiv und abwechslungsreich aktiv bearbeiten zu können. Natürlich ist auch jedes Lernangebot zu begrüßen, das über den regulären Unterricht hinausgeht. Dazu zählen zusätzliche kulturelle Veranstaltungen (also Arbeitsgemeinschaften für Musik, Theater und Tanz), aber auch Fördergruppen, sowohl für Schwächere (etwa eine „Mathe-Werkstatt", in der man seine „Beulen" an den Binomischen Formeln beheben lassen kann) wie auch für Stärkere (vielleicht ein „Einstein-Forum", also eine Tüftelgruppe für Physik-Freaks).

Die Qualität einer Schule entscheidet sich ganz wesentlich auch an folgender Frage: Steht dort im Vordergrund, jungen Menschen einen angenehmen Vormittag zu bieten? Oder ist man darum bemüht, ihnen vielfältige Lernanstöße zu geben, sie auch über bisherige Grenzen hinauszulocken und ihnen bei Schwierigkeiten zur Seite zu stehen – um ihnen das Glück des Könnens zu ermöglichen? Kurz gesagt: Gilt Anstrengung dort als Unwort, oder herrscht die Überzeugung vor, dass Kinder gerne etwas leisten?

c) Selbstbewusster Autorität sein!

„Nur Kinder!"

In Gaststätten und Restaurants bahne sich schon seit geraumer Zeit eine neue Zweiklassengesellschaft an. Da seien einmal diejenigen, die einfach nur essen und trinken, zusammen sitzen und sich unterhalten wollten. Und dann die anderen, die mit Kindern kämen. Immer öfter führe das dazu, dass den einen Gästen nicht nur der Appetit vergehe, sondern auch der Gesprächsfaden entgleite. Weil die lieben Kleinen der anderen hemmungslos herumkreischten, zwischen den Tischen Slalom liefen oder die Kellner zu atemberaubenden Ausweichmanövern zwängen. Ihre Eltern seien anscheinend froh, einmal etwas Abstand zu dieser Toberei zu haben, vielleicht dächten sie auch, sie hätten schon genug gegen die vielbeklagte Kinderarmut getan, jetzt seien mal die dran, die sonst ihre Ruhe hätten. Jedenfalls würden sie sich konsequent hüten, die quirlige und nervige Selbstentfaltung ihrer Liebsten einzuschränken. Und auch von Seiten der Kellner sei nur selten Hilfe zu erwarten – Stichwort umsatzfördernde Kinderliebe.

Soweit die Impressionen eines Redakteurs der Wochenzeitung *„Die Zeit"* von seinen Aufenthalten in der öffentlichen Speiseszene – und hier seine unkonventionellen Gegenmaßnahmen: Man könne doch bei den lustigen Kinderspielen einfach mitmachen, dann sei der Ärger darüber sofort weg: Wettgurgeln mit dem, was jeder im Glas hat, ob Wein oder Limo; Hüpfkästchen mit bunter Kreide auf den Boden malen; die Bestellungen oder Gespräche anderer Gäste nachäffen. Oder man ziehe mit den

Kindern zum Tisch ihrer Eltern und gehe denen dort ordentlich auf die Nerven, kaspernd, rülpsend oder einfach nur heulend. Auch wenig sensible Eltern würden dann irgendwann das Feld räumen.

Zweifellos überspitzte dieser Artikel die Lage entschieden – und polarisierte sie unnötig. Gleichwohl spiegelt er eine mehrfache Störung im Verhältnis der Generationen. Zum einen gibt es tatsächlich die merkwürdige Vorstellung, man könne mit Kindern ins Lokal gehen, ihnen etwas zu essen bestellen und sich dann ungestört mit seinen Freunden unterhalten. Zum anderen gelingt es vielen Eltern schon zuhause nicht, die lieben Kleinen zu rücksichtsvollem Verhalten anzuhalten – kein Wunder, dass diese dann auch in einer kultivierten Öffentlichkeit davon ausgehen, überall sei Kinderland, überall sei Spielplatz! Den anderen Gäste wiederum fällt es schwer, die Eltern solcher Kinder freundlich an ihre Aufgabe zu erinnern oder aber den Wirt um eine Ruhezone im Lokal zu ersuchen – wer will schon als kinderfeindlich dastehen?

Auch in Bussen und Bahnen sind die Folgen einer weithin „verweigerten Erziehung" mittlerweile unübersehbar: Selbst bei Regenwetter ist kaum eine Sitzfläche mehr vor lässig hochgestellten Schuhen sicher. Mitreisende jeden Alters scheuen sich aber, auch nur hinzusehen, geschweige denn, etwas dazu zu sagen. Auch bei Jugendlichen, denen anzusehen ist, dass sie nicht zuschlagen werden. Auch in einer Stadt wie Köln, die eine Zeit lang an jeder dritten Litfaßsäule Aufforderungen wie „Hinsehen und Handeln!" oder „Müll: Jetzt langt's!" plakatierte. Manchmal scheint es, als sei die ganze Gesellschaft paralysiert. Als würde sie der Devise huldigen: Nicht das verzogene Kind ist tyrannisch, sondern die auf gewisse Regeln pochende Gesellschaft, in der es lebt.

Die Notwendigkeit eines Gegenübers

Wer sich nicht mit allein gelassenen oder rücksichtslosen Kindern abfinden mag, ist deshalb noch lange nicht kinderfeindlich. Im Gegenteil: Der jungen Generation einen Bärendienst erweisen vielmehr diejenigen Eltern, die ihren Kindern schon zuhause keine Grenzen gönnen – sowie die übrigen Erwachsenen, die gute Miene zum bösen Manieren-Gau machen. Und das nicht, weil gutes Benehmen ein überholter Selbstzweck wäre. Sondern weil die mangelnde Erziehung zu Rücksichtnahme den Kindern wichtige Entwicklungsanstöße vorenthält. Und die fehlen ihnen dann auch beim Lernen in der Schule.

Nicht wenige Kinder nämlich benehmen sich im Unterricht ähnlich wie in der Lokalszene – nur bekommen ihre Eltern das in diesem Fall gar nicht mit. Da steht einer auf und läuft zum Wasserhahn, wann es ihm passt; da wird mit dem Nachbarn über den Film vom Vorabend geplaudert, wenn's einem gerade einfällt; da wird den Weisungen des Lehrers zunächst einmal nicht gefolgt, weil man im Moment keine Lust dazu hat. Dass darunter Motivation, Konzentration und Lernerfolg bei allen Schülern in der Klasse leiden, ist wohl offensichtlich – der Lehrer muss einfach unheimlich viel Zeit dafür aufwenden, damit die für den Unterricht nötige Aufmerksamkeit entsteht. Wer auf Erziehung im häuslichen Bereich verzichtet, der bürdet der Schule eine enorme Zusatzbelastung auf. Das zahlt sich aber nicht aus. Denn die späte Gewöhnung an Selbstdisziplin im Rahmen einer öffentlichen Institution ist nicht nur weniger wirksam als die frühe in der Familie, sondern auch aufwendiger – und sie geht auf Kosten der Lernarbeit.

Betrachten wir die Toberei im Restaurant noch ein wenig genauer. Die Kinder lärmen ja nicht deshalb herum, weil sie sonst keine Gelegenheit zum Spielen hätten. Sie haben einfach nicht gelernt, dass man es aushalten kann, wenn man seinen spontanen Regungen einmal nicht unmittelbar folgen darf. Die Pendeltür zum Küchenbereich ist eben spannend, sobald der erste Hunger gestillt ist – da kann der Teller ruhig noch halbvoll sein. Und man will auch sofort nach dem letzten Schluck Cola zum Kind am Nachbartisch rasen – mit den Eltern ist man doch noch oft zusammen. Es fehlt genau das, was man auch in der Schule für erfolgreiches Lernen braucht: einem verlockenden Reiz zeitweise widerstehen, eine belastende Situation eine Weile ertragen können.

Diese Unfähigkeit zum Bedürfnisaufschub hat indes ihre Geschichte: Viele Kinder lassen sich nur noch schwer etwas sagen, auch nicht von ihren eigenen Eltern. Sie konnten nämlich schon zu lange machen, wonach ihnen gerade der Sinn stand. Oder ihre Eltern haben ihnen schon viel gesagt, aber zu selten Konsequenzen gezogen. Wenn sie einmal etwas vom Kind verlangten, wurde das lange begründet; das Für und Wider wurde erwogen, es wurde verhandelt, im günstigsten Fall wurde ein Kompromiss gefunden. Solche Kinder haben zu oft die Erfahrung gemacht, dass sie am längeren Hebel sitzen. Sie müssen nur lange genug argumentieren, um alle möglichen Ansinnen der Erwachsenen abzuwenden oder zumindest abzuschwächen. Denn moderne Eltern geraten schnell in Erklärungsnot, weil sie es bei näherem Hinsehen anmaßend finden, dies oder das vom Kind zu erwarten: Dass es sich nach ihnen richtet. Oder dass es etwas unterlässt, was sie selbst doch auch dürfen. Verloren gegangen ist die Selbstverständlichkeit der Tatsache, dass einen fundamentalen Unterschied zwischen Erwachsenen und Kindern gibt: Diese verfügen bereits über viel Lebenserfahrung, jene noch über wenig – und deshalb haben diese die Pflicht, das an jene weiterzugeben. Viele Eltern müssen erst mühsam wieder lernen, dass Erzieher mehr sind als gute Freunde. Denn an ihnen liegt es, das Aufwachsen der Kinder und das Zusammenleben mit ihnen nicht nur zu begleiten, sondern auch zu leiten. In den Kurven und Abgründen des Lebens müssen sie die stabile Leitplanke sein, an der sich Anfänger zur Not eine Beule holen, dafür aber vor Abstürzen bewahrt bleiben. Dabei sind kurze und klare Aufforderungen oftmals hilfreicher als verschwommene Anregungen. „Bring' bitte den Müll hinunter!" – da gibt es kaum Zweifel, was zu tun ist. „Was hältst Du davon, wenn Du dich mal um den Müll kümmern würdest, vielleicht hast Du ja irgendwann Lust?" – wär' man nicht blöd, wenn man auf solch' weiche Erwägung eingehen würde?

Deutliche Anweisungen, unmissverständliche Regeln, die gelegentliche Konfrontation mit einem herzlichen „Nein!" oder einem wohlwollenden „Heute nicht!", das tut Kindern gut. Es entlastet sie von Entscheidungen, die überfordernd sind, weil sie die Umstände nicht übersehen können. Und es spornt dazu an, mit der Zeit eigene Vorstellungen vom Leben zu entwickeln. Das müssen keineswegs die gleichen wie bei den Eltern sein, aber es sind dann jedenfalls gereifte Konzepte, in sozialer Auseinandersetzung begründet und präzisiert – und nicht zufällig ergriffene oder nur egozentrische. Widerstand zu erfahren ist eine fundamentale Reifungsbedingung, resümiert etwa der Erziehungswissenschaftler Hermann Giesecke nach einem langen Pädagogenleben. Das Kind muss einerseits die Welt kennenlernen, die oftmals anders ist, als seine Vorstellung vom Gang der Dinge. Andererseits kann es sich an dieser Welt reiben und dadurch herausfinden, was es selbst im Leben will. Lange Zeit verkörperten Väter diese Instanz des Gegenübers, aber das hat sich vielerorts geändert – und damit ist auch ein Verlust verbunden. Denn mittlerweile wollen gute Väter am liebsten wie nette Mütter sein, man könnte von einer vaterarmen Gesellschaft sprechen. Deshalb müssen heute beide Geschlechter um die Fähigkeit ringen, ihrem Liebling gewisse Wünsche selbstbewusst zu versagen. Denn „gute Autorität" (Bergmann) trägt Entscheidendes dazu bei, Heranwachsende lebens- und lerntüchtig zu machen.

Schließlich beginnt mit der Schule immer noch – und vielleicht heute mehr denn je – der Ernst des Lebens. Das heißt, es müssen Anforderungen bewältigt werden, die eben nicht nur Spaß machen und auch nicht nur spielerisch oder nebenbei vonstatten gehen. Und das verlangt einem jungen Menschen einiges ab:

- Er soll sich auch Themen zuwenden, die ihm fremd sind oder ihn gerade nicht interessieren.

- Er soll schwierige Dinge üben und sich dabei anstrengen.

- Er soll mit ganz unterschiedlichen und vielfältig konkurrierenden Gleichaltrigen auskommen.

- Er soll sich mit eigenen Fehlern auseinandersetzen, den Vergleich mit Besseren aushalten und sich durch Misserfolge nicht unterkriegen lassen.

- Er soll sich nach den Anweisungen von Erwachsenen richten.

Das sind die zentralen Zumutungen des schulischen Lernens, unabhängig davon, wie es um die Bildungsfinanzen oder die Unterrichtsformen bestellt ist. Und erfolgreich werden diejenigen Schüler sein, deren Eltern ihnen beigebracht haben, sich durchzubeißen, anstatt vor Belastungen auszuweichen und nach Abkürzungen zu suchen. So mehren sich mittlerweile die Stimmen, die von einem „Recht der Jugend auf Disziplin" sprechen, wie etwa Bernhard Bueb, der langjährige Leiter eines renommierten Internats.

Eine solche Vorbereitung lohnt natürlich weit über das Schulische hinaus. Denn wer in jungen Jahren erst einmal eine gewisse Belastbarkeit erworben und Kooperation eingeübt hat, der kommt auch mit den Widrigkeiten der Erwachsenenwelt besser zurecht, der ist insgesamt lebenstüchtiger. Im Berufsleben wirft ihn der Erfolg eines Kollegen nicht so schnell aus der Bahn; von der Kritik der Lebensgefährtin fühlt er sich nicht unnötig gekränkt; wenn die eigenen Kinder mal pampig sind, schlägt er nicht blind zurück; und in Gemeinde und Politik engagiert er sich auch dann, wenn er nicht sofort Bundeskanzler wird.

Was ist zu tun?

Die Fähigkeit, Anstrengungen und Enttäuschungen zu ertragen und sinnvoll zu bewältigen, erwirbt ein Kind vor allem dadurch, dass seine engsten Beziehungspersonen ihm entsprechende Erfahrungen zumuten. Auch in dieser Hinsicht sind die *Hausaufgaben* der erste familiäre Berührungspunkt mit dem schulischen Lernen. Nun meinen viele Eltern, sie müssten die sachliche Richtigkeit der Übungen kontrollieren. Dabei war es der Lehrer, der die Aufgaben gestellt hat und am ehesten passende Lösungswege kennt. Und es sind die Klassenkameraden, die ebenfalls an den Problemen herumgetüftelt haben und auf ähnliche Fragen gestoßen sind. Hier sollten Eltern also sehr zurückhaltend sein. Ihre Angelegenheit ist es vielmehr, ein Auge darauf zu haben, *dass* die Übungen erledigt werden. Dabei ist wieder eine sensible Balance gefragt. Sitzen Sie ihrem Kind nicht andauernd kontrollierend im Nacken, bestehen Sie aber durchaus darauf, dass es sich die nötige Zeit – und eine ungestörte Umgebung – auch tatsächlich nimmt. Schließlich wollen Kinder immer mal wieder die Hausaufgaben nicht oder nicht jetzt oder zumindest nicht gründlich genug machen – weil es Interessanteres zu tun gibt oder ihnen die Dinge im Moment zu mühselig erscheinen. Kinderfreundlich wäre hier eine Haltung der gelassenen Konsequenz: Konsequenz, weil man dem Kind nur so die Erfahrung ermöglicht, dass es etwas Unangenehmes aushalten, etwas Schwieriges bewältigen kann. Und Gelassenheit, weil man ihm sonst Gelegenheit gibt, sich als Opfer zu fühlen, quasi einen Nebenkriegsschauplatz zu eröffnen. Es ist tatsächlich ein ständiges kleines Kunststück: Sich einerseits nicht damit zufrieden zu geben, wonach dem Kind gerade der Sinn steht; gleichwohl sich nicht in Kämpfe verwickeln zu lassen und ihm das Lernen nicht aus der Hand zu nehmen.

Anlässe zu hilfreicher Konfrontation ergeben sich auch im Zusammenhang mit *unliebsamen Maßnahmen der Schule*. Die unbefriedigende Note, der Tadel wegen Unterrichtsstörungen, die Nacharbeitsstunde, das sind Entscheidungen von pädagogischen Fachleuten, die nicht angenehm sein mögen, die aber ergriffen wurden, um Ihrem Kind zu größerem Lernerfolg zu verhelfen. Die förderliche Wirkung kann indes nur dann eintreten, wenn Sie dies mittragen; wenn Sie auch die belastenden oder enttäuschenden Seiten des Lernens bejahen; wenn Sie die Verantwortung dafür bei ihrem Kind belassen. Nur in Fällen ganz offensichtlicher Ungerechtigkeit sollten Sie eingreifen – aber auch dann nur so, dass es als Missverständnis erscheint, sonst würde der Gegensatz zwischen ihrem Kind und dem Lehrer unnötig vertieft.

In besonders sensibler Weise ist die Fähigkeit zur Konfrontation gefragt, wenn ihr Kind in ein größeres *Leistungstief* gerät, wie das häufig *während der Pubertät* geschieht. Die Hausaufgaben wurden schon seit längerem vernachlässigt, während des Unterrichts ist der Jugendliche jetzt mit den Gedanken Gott weiß wo, am Tag vor der Klassenarbeit wird vielleicht noch einmal panisch irgendetwas geübt – und dann kommt eine Fünf nach der anderen, die Schule verschickt eine schriftliche Warnung, die Versetzung wird überhaupt nur mit Nachprüfung bewältigt. So verbreitet diese Situation, so verschiedenartig der einzelne Fall – dazu wäre eigentlich ein eigenes Buch vonnöten. Hier sei nur so viel angedeutet: Einerseits ist jede Intervention ohne sorgfältige Diagnose auf Sand gebaut, also auch riskant. Liegt eine fachliche Überforderung vor, vielleicht schon seit längerem nicht erkannt? Wäre diese durch Nachhilfe in erträglichem Ausmaß behebbar oder ist ein Schulformwechsel anzuraten? Oder gibt sich der Jugendliche „nur" der allgemeinen Lustlosigkeit dieser Altersphase hin, ist vielleicht durch erste Liebe oder schwierige Freundschaften abgelenkt? Und welche spezielle Ausprägung hat das bei ihm, wie fühlt sich das gerade für ihn an? Soweit der Aspekt des Verstehens. Aber dann geht es auch darum, dem wankenden Jugendlichen tatkräftige Unterstützung zu geben, ihm in seinem Schlingern eine wirksame Leitplanke zu sein. Und das kann dann bedeuten, mit ihm einen sehr klaren Plan zur Bewältigung seines Tiefs aufzustellen: Wieviel Stunden werktägliche Lernarbeit sind notwendig, wieviel am Wochenende? Welche Kontrolle schlägt er vor? Welchen symbolischen Beitrag will er zu den Kosten des Nachhilfelehrers leisten? Wie häufig und wie lange kann er sich während der Schulzeit Ausgang leisten? Ein solcher Plan sollte befristet sein, damit die Anstrengung überschaubar bleibt, und er muss Bedingungen enthalten. Häusliche Versorgung, Taschengeld, Ausgang, Ferien – das alles gewährt man als Eltern ja gerne, wenn das „Kind" ebenfalls seine ganze Kraft einsetzt. Auch hier ist wieder die hohe Kunst der schwierigen Jahre gefragt: Verständnis haben und gleichzeitig standfest bleiben.

Belastbarkeit, also die Fähigkeit, Wünsche nicht erfüllt zu bekommen oder unangenehme Situationen auszuhalten (und sie womöglich ins Positive zu wenden), diese Frage stellt sich nicht nur direkt beim schulischen Lernen, sondern vielfältig auch *im übrigen familiären Leben*. Beispiel

Taschengeld: Zwar muss der Betrag ab und an neu ausgehandelt werden, über den Heranwachsende eigenverantwortlich verfügen können sollten, denn der Bedarf wandelt sich mit dem Alter und mit der Zeit. So hat ein Sechzehnjähriger gewiss andere Ausgaben als die Neunjährige, und vor zehn Jahren waren die Lebenshaltungskosten niedriger als heute. Es ist jedoch eine wichtige Erfahrung, wenn Kinder ihre Eltern auch mit dem Argument „Die anderen kriegen aber mehr" nicht zu jeder Betragserhöhung nötigen können. Oder wenn man die ausgehandelte Summe nicht ständig durch alle möglichen Zusatzleistungen verwässert. Die Welt ist eben kein Schlaraffenland – diese Erfahrung darf man seinem Kind nicht vorenthalten.

Das häusliche Leben bietet dazu auch noch andere Gelegenheit. Stichwort Umgangsformen: Klar ist man manchmal sauer auf die Schwester oder den Vater, und das kann man auch ruhig zum Ausdruck bringen – aber anständig, so dass der andere nicht in seiner Würde tangiert wird; sonst muss eine Grenze gezogen werden. Und sicher hat man bisweilen „kein' Bock auf Hausarbeit", aber darauf kommt es ja auch gar nicht an – dann erledigt man sie eben ohne Lust; schließlich haben nachher alle Hunger, nicht nur die Kinder. Auch die Festlegung und Durchsetzung sonstiger Hausregeln – etwa über Ausgangszeiten oder Alkoholkonsum – ist eine unverzichtbare Orientierung auf dem Weg ins Leben. Dass die Halbwüchsigen sich darüber nicht immer freuen und bisweilen in lautstarken Protest ausbrechen, liegt in der Natur der Sache, ist quasi unvermeidlich, sollte man gelassen hinnehmen. Beunruhigend wäre eher, wenn keinerlei oder zu wenig Reibung stattfindet – wenn das Kind also zu angepasst

wäre oder die Eltern alle Forderungen widerspruchslos
erfüllten.

Eines der größten Hindernisse auf dem Weg zu Lebens-
zufriedenheit und besseren Lernleistungen ist die Über-
flutung von Kinder- und Jugendzimmern durch TV-Ge-
räte und Videos. Deshalb ist auch beim *Bildschirmkonsum*
drastische Beschränkung angesagt – und man sollte dabei
kaum ein Mittel scheuen: Mit dem Kind rigide Einschalt-
quoten aushandeln („Kuck' die Hälfte!" oder „Wähl' Dein
liebstes Drittel!"), bei einem Gerätedefekt die Reparatur
hinauszögern, die Oma „bestechen", dass sie kein Zweit-
gerät schenkt usw.. Kinder sind davon nicht unbedingt
begeistert, aber das kann man auch nicht erwarten –
dafür sind die bewegten Flimmerbilder zu faszinierend.
Aber gute Eltern sehen ihr Ziel ja auch nicht darin, von
ihren Kindern ständig angestrahlt oder beklatscht zu
werden.

An dieser Stelle noch eine kurze Bemerkung zu gewalt-
verherrlichenden *Computerspielen.* Natürlich wäre es un-
sinnig zu behaupten, das Anschauen eines Gewaltvideos
löse zwangsläufig aggressives Verhalten aus. Dass jedoch
langfristiger Umgang mit solchen Medien die Gewaltbe-
reitschaft hebt, ist mittlerweile weithin unstrittig – außer
für die Produzenten und ihre Publicity-Agenten. Stellen
Sie sich nur einmal vor, derartige Bildfolgen würden auf
Sie stundenlang einprasseln, und das über Jahre hinweg!
Und sie hätten nicht die Psyche eines gefestigten Erwachsenen, seien gar wohldotierter Medienexperte, sondern ein labiler Jugendlicher! Sollten wir nicht die gleiche
Entschlossenheit, mit der wir etwa gegen Drogenkonsum
einschreiten würden, auch Festplatteninhalten angedeihen

lassen, die die Menschenwürde mit Füßen treten, wenn auch „nur spielerisch"? Je weniger Standhaftigkeit wir als Erwachsene bei solchen Fragen zeigen, umso größere Attraktivität bekommt die Welt der phantasierten Kämpfe. Und Erfurt hat uns gezeigt, dass die unbegrenzte Beschäftigung mit Dämonen einen schnell selbst zum Dämon machen kann.

Herzliche Strenge!

Auf den vergangenen Seiten habe ich zu erklären versucht, wie wichtig es für die Entwicklung von Kindern ist, wenn man ihnen als selbstbewusster Erwachsener, mit nicht verschämter Autorität gegenüber tritt, ihnen angemessene Belastungen zumutet und auf sinnvollen Grenzen besteht. Das ist natürlich eine deutliche Gegenposition zum geläufigen ‚Strengetabu‘ und der modischen Gleichheitsfiktion unter Erziehern in Deutschland. Zum einen also die Maxime „Nur nicht autoritär sein!", diese übergroße Furcht mancher Mütter und Väter, sie könnten die kindlichen Seelen durch ein gelegentliches Nein beschädigen und zu angepassten Charakteren heranziehen. Zum anderen die Devise „Erwachsene sind doch nichts Besseres!", also der Irrglaube vieler Eltern, wer zwischen Kindern und Erwachsenen Unterschiede mache, weise dem Kind eine minderwertige Rolle bzw. eine entmutigende Position zu. Hinzu kommt wohl eine heimliche Furcht bei vielen Erwachsenen, sie könnten die Zuneigung des Kindes verlieren, wenn sie ihm seinen Willen nicht ließen. Schließlich ist es oftmals das Einzige, und an diesem hängt das ganze Herz, von seiner Zustimmung fühlt sich mancher förmlich abhängig. So haben viele

Eltern (und auch Lehrer) eine derartige erzieherische Zurückhaltung entwickelt, dass zahllose junge Menschen heute ohne stabile Orientierung dahindriften.

Insofern hat die falsch verstandene Liberalisierung und Demokratisierung des Pädagogischen keineswegs mehr Lebenstüchtigkeit geschaffen, sondern wirkte sich in hohem Maße entmutigend aus. Die Pädagogik des ‚Bitte, würdest Du vielleicht ...?' lehrt Kinder nämlich weniger eine Grundhaltung des Respekts voreinander, als vor allem eines: Dass es aufs Verhandeln ankommt – und dass man damit eigene, für seine Entwicklung eigentlich wichtige Anstrengungen umgehen kann. Die zu kurz gedachte Kinderfreundlichkeit hat ausgeblendet, dass das Kind ein Entwicklungswesen ist. Auf seinem Weg ins Leben benötigt es geradezu ein wohlwollendes Gegenüber, welches sich als bereits fertig versteht und von ihm auch so erlebt werden kann. Nicht als sein Gegner, sondern als diejenige Person, an deren Lebensweise es sich orientieren kann, um eine neue – nämlich die Seinige – zu komponieren. Der Erwachsene darf ihm deshalb auch ruhig einmal etwas verbieten – und selbst Dinge tun, die dem Kind noch verwehrt sind. Schließlich ist auch das Noch-nicht-Können-oder-Dürfen ein wichtiges Motiv dafür, flügge zu werden und auf eigenen Füßen zu stehen. Ist es nicht gar der Entwicklungsanreiz par excellence?

Insofern gehört der Begriff der pädagogischen Strenge von autoritären Beimengungen entrümpelt und auf seinen positiven Kern zurückgeführt. Es geht um eine Haltung, die Heranwachsende nicht drückt, sondern ihnen hilft, eigene Stärke zu entwickeln! Herzliche Strenge ist eine Ausdrucksform elterlicher Liebe, die das Kind spüren lässt: Mir liegt dein Wohl am Herzen; mir ist nicht egal, was aus dir wird. Die ursprüngliche Hauptbedeutung des Wortes ‚streng' war ja auch keineswegs anrüchig, sondern umschrieb Eigenschaften wie stark, tapfer oder tatkräftig. Wenn also auch ein Jugendforscher wie Klaus Hurrelmann zu einem „Schuss Strenge" in der Erziehung ermutigt, bedeutet das keine Rückkehr zu unerbittlicher Härte oder kränkender Demütigung. Es handelt sich vielmehr um ein Plädoyer für erzieherische Standfestigkeit. Natürlich ist es für junge Menschen nicht immer nur angenehm, wenn Erwachsene darauf bestehen, dass sie etwas tun oder lassen sollen – wir machen uns damit gelegentlich auch unbeliebt, bekommen vielleicht sogar deutlichen Unmut zu spüren. Denn was de facto eine Chance ist, mag zunächst einmal als Plage empfunden werden. Vielleicht ist es aber genau das, was für Erzieher in den letzten Jahrzehnten so schwer geworden ist: Ertragen zu können, dass junge Menschen auch einmal unzufrieden, nicht einverstanden mit ihnen sind – und dennoch die Lust am Mutter-, Vater- oder Lehrersein nicht zu verlieren.

Und die Schule?

Auch viele Lehrer haben lange Zeit die Bedeutung einer maßvollen Strenge unterschätzt, ja verkannt. Dabei bedeutet Lernen, zumal wenn es gemeinschaftlich abläuft, immer auch, Schwierigkeiten zu bekommen. Wissenserwerb und Kompetenzzuwachs vollziehen sich schließlich nicht nur beiläufig, quasi von selbst, sondern vielfach auch – oft gar nur – gegen Widerstände. Man will jetzt gerade vielleicht etwas anderes machen. Oder weiß gar nicht, wozu der unterrichtete Stoff gut sein soll. Man versteht einen Zusammenhang nicht. Oder kann einen Handgriff nicht sofort ausführen. Oder nicht so gut wie andere. Oder man kann den Lehrer nicht leiden. Lernsituationen können starke Unsicherheitsgefühle mobilisieren, die Befürchtung, etwas nicht schaffen zu können, oder die Sorge bezwungen zu werden. Würde der Lehrer nun darauf verzichten, die Schüler immer wieder, auch ohne deren Lust, gelegentlich gar gegen ihren Willen, verständnisvoll und dennoch unerbittlich, an Belastungen heranzuführen, scheinbar bedrohliche Verunsicherungen auszuhalten und mögliche Misserfolge zu riskieren, so hätte das zweierlei Folgen: Er würde sie einerseits in ihrer Mutlosigkeit bestärken, schließlich merken sie ja, dass ihre Aufgabe unbewältigt bleibt. Andererseits würde er auch ihre Größenphantasien nähren, also die Auffassung, sie könnten doch schon genug. Erfolgreiches Lernen wird deshalb immer auch mit Unbehagen oder Verdruss verbunden sein – mal mehr, mal weniger –, kann also gar nicht ausschließlich Spaß machen. Insofern ist gerade die Konfrontation mit der Unlust eminent entwicklungsförderlich.

Das lässt sich gut an einem Detail der TIMSS-Studie illustrieren. Dort stieß man auf einen verblüffenden Unterschied zwischen japanischen und deutschen Schülern: Die Jugendlichen im Fernen Osten zeigten überragende Kenntnisse – waren sich ihrer Sache allerdings recht unsicher. Die Jugend hierzulande war hingegen ziemlich zufrieden mit sich – obwohl sie nur mäßige Fähigkeiten aufwies. Das erscheint nur auf den ersten Blick paradox. Ernsthaftes Lernen fördert immer auch die Einsicht, dass das eigene Wissen begrenzt ist. Die bei uns verbreitete Schonpädagogik hat jedoch offenbar Meister der Selbstüberschätzung hervorgebracht: Weil deutsche Schüler zu selten Grenzen erfahren haben, hielten sie ihr Wissen wohl für unbegrenzt. Was unsere Kinder brauchen, sind deshalb Lehrer, die ihre Fähigkeit zu Ausdauer und Gründlichkeit ausweiten – notfalls auch ohne deren Zustimmung. Die ihnen die Erfahrung vermitteln, dass man sich anstrengen muss, wenn man möglichst viel aus sich machen will. Und dass das auch noch schön sein kann – weil es wenig Beglückenderes gibt, als etwas Schwieriges selbst zustande gebracht zu haben. Wenn der Lehrer Ihres Kindes also

- einen unleserlich geschriebenen Aufsatz nicht akzeptiert, sondern ihn zu Hause noch einmal schreiben lässt;

- die Fehler in der Matheverbesserung nicht übergeht, sondern ihre erneute Überarbeitung anmahnt;

- auf die wiederholt nicht angefertigten Englischaufgaben nicht mit Ärger reagiert, sondern einen Nacharbeitstermin nach Unterrichtsschluss anberaumt;

dann seien Sie froh: Vermutlich haben Sie und Ihr Kind es gut angetroffen.

Mehr Mut zur Zumutung wäre den Schulen also zu wünschen, auch über das Lernen im engeren Sinne hinaus. Und tatsächlich, viele Schulen versuchen sich wieder stärker als einen Raum zu verstehen, an dem es nicht darum geht, seine Launen auszuleben, sondern das Gut-Miteinander-Auskommen zu lernen. Die Lehrer nehmen es nicht mehr hin, wenn die Schüler bei der morgendlichen Begrüßung gleichgültig mit den Achseln zucken, sondern bestehen auf einem freundlichen Echo, zumindest aber auf einem höflichen „Guten Morgen". Sie akzeptieren nicht mehr den gebetsmühlenartigen Kommentar „Ist doch nur Spaß!", wenn sie im Gang Zeuge einer Rempelei oder gar Prügelei werden, sondern bringen energisch zum Ausdruck, dass solche ‚Späße' nicht nur primitiv sind, sondern in der Schule auch keinen Platz haben – und leiten im Wiederholungsfall Konsequenzen ein. Natürlich haben junge Menschen beim kollektiven Lernen jede Menge störende Gefühle, aber Schule ist auch ein Ort – und zwar der letzte –, an dem man lernen kann, seine Emotionen zu beherrschen, anstatt sich von ihnen beherrschen zu lassen. Denn danach kommt das wirkliche Leben, und dann kann man sich zivilisiert benehmen – oder man wird mit diesem Leben kollidieren.

5. Was andere Länder besser machen

Noch vor zehn Jahren kannten die meisten Menschen nur zweierlei Schulen von innen: Diejenigen, die sie selber in jungen Jahren besucht hatten, und die, in welche sie ihre eigenen Kinder schickten. Die eigene Schule erschien im Rückblick vielen altmodisch, ja schrecklich, die gegenwärtige doch deutlich besser, wenn auch natürlich immer noch kein Paradies. Beim häuslichen Erziehungsklima lag der Fall lange Zeit ähnlich: Die Erinnerung an die Stimmung im eigenen Elternhaus fiel häufig skeptisch aus, der Blick auf das Leben mit den eigenen Kindern stimmte dagegen – von einigen Schönheitsfehlern abgesehen – durchaus optimistisch. Wie andernorts erzogen und unterrichtet wird, das wusste nicht nur kaum jemand, es interessierte auch keinen wirklich. Deutsche Erziehungs- und Bildungsarbeit galt als Qualitätsarbeit – eben „made in germany". Nur dass bayrische Universitäten das hessische Abitur nicht anerkannten, störte den einen oder anderen Vater, der aus beruflichen Gründen an Umzug dachte. Und dass japanische Touristen bei Stadtführungen so aufmerksam zuhörten und koreanische Firmen unerwartet hochwertige Produkte liefern konnten, gab auch manchem zu denken.

Deshalb waren die jüngsten Schulleistungsstudien wie TIMSS und PISA für die Bildungslandschaft in Deutschland ein Segen. Endlich gestand man sich – wenn auch nur zögernd – ein, dass in unseren Schulen vieles im

Argen liegt. Und man begann, nach Ursachen dafür und nach möglichen Auswegen aus dieser Misere zu suchen. Dabei wurde glücklicherweise auch einmal über den nationalen Tellerrand hinaus geblickt, insbesondere auf solche Länder, die hohe Rangplätze erreicht hatten. Mancher hätte sein Kind plötzlich gerne in einem japanischen Kindergarten gesehen – die Erzieher werden dort nicht nur mit dem Titel „sensei" – Professor – angeredet, sondern auch ebenso qualifiziert ausgebildet und als solche bezahlt. Und nicht wenige hätten den Nachwuchs am liebsten in Finnland zur Schule geschickt – dort gelten Lehrer nämlich als „Kerzen des Volkes" und nicht als „faule Säcke".

Offenbar genießen Bildung und Erziehung in den PISA-Siegerländern ein weitaus höheres Ansehen als hierzulande. Unsere Bundeskanzler beehren zwar häufig Automobilausstellungen und Computermessen mit ihrem Besuch, kaum aber Schulen, Jugendfreizeiteinrichtungen oder Familienbildungsstätten – die Fragen rund um die junge Generation zählten hierzulande allzulange zum „Frauenkram". Es lohnt sich deshalb, einen genaueren Blick darauf zu werfen, wie Kinder in anderen Ländern auf das Lernen und auf das Leben vorbereitet werden. Zum einen, weil dabei Anregungen für den eigenen Erziehungsalltag abfallen; zum anderen aber auch, weil so das eigene bildungspolitische Bewusstsein steigt. Und das ist schließlich gefragt, wenn in der Schulkonferenz darüber abgestimmt wird, mit welchen Methoden die Schule des eigenen Kindes demnächst herumexperimentieren will. Oder wenn bei der nächsten Landtagswahl jeder Kandidat behauptet, er habe die bessere Reformidee für unsere Schulen.

Finnland

Warum redet in Sachen Bildung plötzlich alle Welt über Finnland? Finnische Fünfzehnjährige wurden beim Lesetest Weltmeister, und sie gehören auch in Mathematik und Naturwissenschaften zur Spitzengruppe der untersuchten Länder. Nur relativ wenige Schüler kommen dort nicht über die unterste Kompetenzstufe („Risikogruppe") hinaus, und die Bandbreite zwischen den schlechtesten und den besten Leistungen („Standardabweichung") ist viel geringer als in Deutschland; zudem stellte man dort einen wesentlich schwächeren Zusammenhang zwischen den Leistungen eines Schülers und seiner sozialen Herkunft fest („sozialer Gradient"). Ein Aspekt fiel besonders auf: In keinem anderen Land gaben so viele junge Menschen an, sie würden zum Vergnügen Bücher lesen – Deutschland bildete in dieser Hinsicht dagegen das Schlusslicht.

Natürlich gibt es für das gute Abschneiden Finnlands eine Reihe von soziokulturellen Bedingungen, die ein anderes Land nicht übernehmen kann. Etwa die Tatsache, dass es so leicht ist, finnische Texte lesen zu lernen: Die phonetische Struktur dieser ganz eigenen nordeuropäischen Sprache erlaubt eine praktisch lautsprachliche Orthografie. So können finnische Kinder, die in der Regel Mitte August eingeschult werden, normalerweise spätestens an Weihnachten fließend lesen. Dann ist der Umstand zu berücksichtigen, dass es – wegen der geringen Größe des Landes – so wenige Filme gibt, die landessprachlich synchronisiert sind. Wer also fernsehen will – und das tun Kinder im Land der Mitternachtssonne ebenso gerne wie unsere –, muss sich zwangsläufig mit den finnischen Untertiteln auseinandersetzen, wenn er verstehen will, was die Figuren auf der Mattscheibe sagen – und trainiert dabei automatisch schnelles und sinnerfassendes Lesen. Weiterhin ist gewiss von Bedeutung, dass finnische Kinder eine sehr überschaubare Lernumwelt haben: Vierzig Prozent aller Schulen sind nach unseren Maßstäben Zwergschulen, nur drei Prozent haben mehr als 500 Schüler; Schulen mit mehr als 1000 Schülern oder bis zu 100 Lehrern gelten aus finnischer Sicht als „reine Barbarei". Und nicht zuletzt spielt es für die Effizienz von Schule eine gewichtige Rolle, dass die finnische Gesellschaft – jedenfalls außerhalb der wenigen urbanen Zentren, im weiten dünnbesiedelten ländlichen Raum – eine sehr homogene ist, mit festgefügten Wertvorstellungen und Normgefügen. Grundzüge dieser quasi nationalen Mentalität sind unter anderem eine quasi selbstverständliche Regeltreue, eine Neigung zu Eigenschaften wie Hartnäckigkeit oder Bescheidenheit, und auch eine gewisse Introvertiertheit – Eigenschaften, die nicht nur jungen Menschen hierzulande beinahe fremd erscheinen mögen, die sich indes offenkundig lernförderlich auswirken.

Andere Umstände des Aufwachsens im Land der Mitternachtssonne ließen sich durchaus adaptieren, manches von heute auf morgen (wenn unsere politischen Entscheidungsträger dies nur wollten), einiges sicher auch erst über einen längeren Zeitraum. So sorgen die Finnen etwa rechtzeitig und gründlich dafür, dass alle Kinder – ob sie nun aus Migrantenfamilien stammen oder nicht – zum Schuleintritt die Landessprache auch tatsächlich beherrschen. Hinzu kommt, dass die Lehrer dort nicht nur ein ganz anderes Image haben, sondern auch eine viel dichtere Präsenz: Die Schulen haben nicht nur kleinere Klassen als bei uns, sie verfügen neben den Fachlehrern auch über eine wirksame Vertretungsreserve und ein umfangreiches zusätzliches Schulpersonal. Dazu zählen speziell ausgebildete Förderlehrer, die stoffliche Rückstände mit einzelnen Schülern sofort aufarbeiten, sowie Schulpsychologen und Kuratoren, die sich etwaigen Konflikten unter den Schülern widmen und diese unmittelbar auffangen und mit ihnen bearbeiten können. Außerdem spielt es möglicherweise eine Rolle – was viele Kommentatoren gerne unterschlagen –, dass nämlich in Finnland der Frontalunterricht vorherrschend ist; bei dieser Lehrmethode ist bekanntlich die gegenseitige Ablenkung der Schüler – insbesondere in den ‚schwierigen Jahren' – am geringsten – auch wenn hierzulande über derlei pädagogische Alltagslogik gerne die Nase gerümpft wird. Schließlich darf das finnische Bibliothekswesen nicht unerwähnt bleiben: Jede Schule verfügt über eine solche, außerdem benutzen die Schüler kommunale oder auch Universitätsangebote. Was Wunder, erhalten doch Eltern schon bei der Geburt ihres Kindes (im Rahmen eines ‚maternity pack') Empfehlungen dazu, frühzeitig mit ihm zu lesen und es zum Besuch von Büchereien anzuleiten. Aus all dem spricht eine große Kinderfreundlichkeit, die allerdings nicht den vorsichtig zurückhaltenden Gestus hiesiger Reformpädagogen hat, sondern eine tatkräftig zupackende ist.

Das finnische Schulsystem hat auch Seiten, mit denen man dort weniger zufrieden ist. So gibt es rein formal gesehen zwar kein gegliedertes Schulwesen, sondern eine Art Einheitsschule, aber die Leistungsfähigkeit der einzelnen Schulen hat sich – entgegen dem offiziellen Anspruch und den Eindrücken ausländischer Kurzbesucher – enorm auseinander entwickelt. Ursache dafür scheint die im Zuge der Schulautonomie seit einiger Zeit mögliche Profilbildung zu sein, die die Behörde deshalb kürzlich einschränkte. Bislang konnte eine bestimmte Leistung in der einen Schule mit 6 (also zwei Noten über ,durchgefallen'), in einer anderen aber mit 9 (also der zweitbesten Stufe) bewertet werden. Und im Fremdsprachenbereich konnte man Sprachenfolgen anbieten, die eher die leistungsstarken Schüler anzog – oder eben nicht. Kein Wunder, dass nach neuen landesinternen Tests manche Schulen einen Durchschnittswert von 85 Punkten erreichten, andere nur einen von 40 Punkten. Ein weiteres Problemfeld ist der Umgang mit den leistungsstarken Schülern selbst. Zwar gibt es für begabte junge Menschen äußerst niveauvolle Schulen mit Sonderprofil, an denen ihre Möglichkeiten optimal gefördert werden – aber nur in den wenigen Ballungsgebieten, weil Eltern dort zwischen mehreren Angeboten wählen können. Wer jedoch aus dem riesigen, dünn besiedelten Binnenland kommt und in anderen Fächern als ,nur' Musik oder Sport Spitze ist, müsste die Woche über in der Stadt wohnen, wenn er eine solche Schule besuchen will – oder er muss sich an seiner ländlichen Gesamtschule mit der eigentümlichen nordischen Neidkultur arrangieren. Das heißt, dass er riskiert, von Seiten der Lehrkraft, die einen schwachen Schüler niemals bloßstellen würde, rigide gemahnt zu werden, als schnellerer Lerner solle er sich nur ja nichts einbilden. Und dass ihn die Mitschüler drastisch spüren lassen, dass er sich eigentlich seiner Abweichung vom Gleichheitsideal schämen solle. Man könnte also sagen, das finnische Schulsystem bekommt nicht nur (nämlich in sprachlicher und normativer Hinsicht) eine relativ homogene Klientel, es arbeitet auch daran, sich diese zu erhalten. Und das ist nur begrenzt gut so, weil bei solcher Nivellierung die Schwächeren zwar stark gefördert werden, die Fähigsten jedoch zu kurz kommen.

Also, was ließ die Finnen so gut abschneiden? Natürlich spielt die finanzielle, die quasi äußere Seite eine nicht zu unterschätzende Rolle. Je größer der Stellenwert der Bildungsfrage in einem Land ist und je mehr Lehrer es sich deshalb leistet, umso wahrscheinlicher ist es, dass jeder Schüler optimal gefördert wird. Dazu braucht man noch nicht einmal Gesamtschulen, das ließe sich auch in einem gegliederten Schulsystem realisieren – sofern eben Lehrer und Schüler eine angemessene Einstellung zum Lernen haben und in eine förderliche Beziehung zueinander treten. Auf dieser zweiten, quasi inneren Ebene fällt nun im hohen Norden Dreierlei auf:

- die grundsätzliche Wichtigkeit, die Eltern wie Lehrer dem Fortkommen jedes einzelnen Kindes beimessen;

- eine durchgängige Haltung des „leisen Ermutigens", mit der Erzieher junge Menschen zu begleiten suchen;

- die Selbstverständlichkeit, mit der in der Schule lehrerzentrierte Arbeitsformen praktiziert werden.

Die Ruhe und Ernsthaftigkeit, mit der die Schüler selbst sich dort um ihr Fortkommen bemühen, ist also kein Wunder.

Japan

In allen Schulleistungsstudien haben japanische Jugendliche durch ihre Spitzenleistungen in Mathematik und Naturwissenschaften von sich reden gemacht. Dennoch winkt man hierzulande gerne schnell ab: Schule in Japan, ist das nicht stures Pauken und jahrelanger Drill, brutales Schülermobbing und eine hohe Jugendsuizidrate? Jedenfalls handelt es sich doch um eine ganz andere Kultur, das wird doch niemand ernsthaft mit Mitteleuropa vergleichen wollen. Nun, spätestens seit Galilei wissen wir, wie nützlich es sein kann, durch ein Fernrohr zu schauen, auch wenn man fest davon überzeugt ist, dass da nichts zu sehen sein kann.

Es gibt nämlich eine Reihe von Phänomenen, die einen durchaus stutzig machen könnten. Auffallend ist etwa, dass Japaner noch bis ins hohe Alter daran interessiert sind, zu lernen, also von anderen etwas Neues zu erfahren – offenbar ist man im Fernen Osten keineswegs heilfroh, der Schule entronnen zu sein. Oder die komplizierten japanischen Schriftzeichen: Dass die Kinder im Land der aufgehenden Sonne an die 2000 davon lernen müssen, schadet ihnen offenbar nicht, die frühe Verpflichtung zur Konzentration nützt ihnen anscheinend eher – sonst hätte doch schon längst jemand nach einer Rechtschreibreform gerufen. Schließlich die internationalen Vergleichstests: Sie zeigten, dass japanische Schüler nicht nur gelernte Techniken richtig anwenden können, sondern auch eigenständig erkennen, welche Methode am ehesten zur Lösung eines Problems geeignet ist. Deutsche Schüler indes – von Pauken und Drill bekanntlich nur noch selten geplagt – schnitten höchstens bei Routineaufgaben einigermaßen gut ab. Unser Bild von Japan scheint ergänzungsbedürftig zu sein.

Da ist etwa die ungeheure Kinderfreundlichkeit der japanischen Gesellschaft. Besucher aus dem Westen staunen immer wieder darüber, wie gepflegt, unbefangen und wissbegierig japanische Kinder sind, und welch liebevoller Umgang mit ihnen üblich ist. Japanische Eltern wünschen sich ihre Kinder lebhaft, energisch und temperamentvoll. Sie behandeln ihre „launischen kleinen Götter" mit ungewöhnlicher Nachsicht, es gibt keine körperlichen Strafen und auch kaum Ermahnungen oder gar Beschimpfungen. Man ist zutiefst davon überzeugt, dass Kinder alles lernen werden, wenn man es ihnen nur oft genug zeigt – die Vorstellung, ein Kind mache etwas Unpassendes aufgrund seines schlechten Charakters oder aus Trotz, ist schlicht undenkbar. Und tatsächlich erweisen sich Heranwachsende dann im Jugendalter als enorm belastbar, man kann ihnen einiges zumuten. Auch in anderen Bereichen der Gesellschaft wird Kindern viel Aufmerksamkeit und Wertschätzung entgegengebracht: So spielen sie etwa bei vielen japanischen Festen eine Hauptrolle. Und die japanischen Medien berichten vergleichsweise häufig über die Themen Kindheit und Bildung – auch deshalb macht es übrigens so schnell die Runde, wenn in diesem Bereich etwas schief läuft. Japanische Schulhöfe sind auch in teuerster Wohnlage erstaunlich groß. Und alle, die mit Kindern beruflich zu tun haben, genießen in der Gesellschaft hohes Ansehen.

Das gilt in besonderem Maße für die Mütter. Eine Mutter soll für das Kind eine erste Insel der Überschaubarkeit und Harmonie schaffen. Durch eine intensive Art der

Anwesenheit, also durch starke Fürsorge und das Erlebnis verlässlicher Nähe, baut sie im Kind eine lebenslange Bereitschaft auf, sich mit anderen Menschen zusammenzutun. Die Mutter verhält sich aber nicht nur behütend, sondern auch in hohem Maße stimulierend. Sie leitet das Kind bei den alltäglichen Verrichtungen systematisch an und trainiert es geduldig und zwanglos – in einer Stimmung heiterer Geschäftigkeit. Das fällt ihr nicht schwer, schließlich ist sie davon überzeugt, dass Kinder von Natur aus auf erwachsene Bezugspersonen ausgerichtet sind und deren Tun unweigerlich nachahmen werden. Und sie versteht sich nicht als jemand, die vom Kind etwas fordert; sie informiert es einfach darüber, was die anderen, die Gesellschaft, von ihm erwartet. Für japanische Frauen – auch für die akademisch gebildeten – ist es übrigens kein Problem, wenn das Muttersein ihren Lebensentwurf stark prägt – sie verstehen die Gleichbe*recht*igung der Geschlechter nicht als ein Gleich*sein*müssen. Vielmehr gilt es für sie als etwas Erstrebenswertes, auf andere bezogen zu sein; das erleben sie nicht als Selbstverleugnung, es gibt ihnen vielmehr Kraft, und zwar bis ins hohe Alter. Glück bedeutet für den Einzelnen in Japan etwas Anderes als hierzulande, nämlich in ein gesellschaftliches Ganzes sinnvoll eingebunden zu sein.

Nachdenklich stimmt auch die Art und Weise, wie japanische Kinder soziales Verhalten erwerben. Im Kindergarten lernen sie schrittweise, sich in der Gruppe wohl zu fühlen, sowohl beim freien und unbeaufsichtigten Spiel wie auch bei angeleiteten Aktivitäten. Es wird darauf geachtet, dass sich die Kinder den verschiedenen Phasen des Tages mit ungeteilter Aufmerksamkeit widmen können, gleichzeitig lernen sie, die Übergänge zwischen die-

sen Phasen zu meistern. Dieses ‚Funktionieren' des Miteinanders bekommt einen geradezu ästhetischen Aspekt,
und es gibt den Beteiligten eine Art von Selbstbestätigung. Erzieherinnen erklären geduldig die Regeln des
Kindergartens und bahnen so ein Verständnis der Prinzipien eines Gruppenlebens an. Sie greifen aber nur selten disziplinarisch ein, Störungen werden toleriert oder
ignoriert. Schrittweise üben sie Routinen und Rituale ein,
ganz zwanglos, aus einer Freude an der Gemeinsamkeit
heraus. Das soziale Lernen wird also nicht dem Zufall
oder spontanen Regungen überlassen, sondern es wird
detailliert trainiert. So nähert sich der Rhythmus des
Kindes allmählich dem der Gruppe an, und diese Übereinstimmung empfindet es mit der Zeit auch als Sicherheit (ein Motto lautet: „Rhythmus schafft Gesundheit").
Mit der Zeit wird die japanische Erzieherin dann in einem positiven Sinne überflüssig: Sie hat die Kinder nicht
einfach allein gelassen oder ihre Selbständigkeit plump
eingefordert, sondern diese schrittweise konkret organisiert.

Besonders eindrucksvoll in diesem Land ist wohl die
optimistische Ernsthaftigkeit, mit der das Lernen gesehen und betrieben wird. Intelligenz wird im japanischen
Schulwesen nicht als etwas Angeborenes gesehen, sondern als das Ergebnis von Mühe, Einsatz und Ausdauer.
Kinder müssen also nicht darum bangen, unzureichend
begabt zu sein – sie können ja lernen. Fehler gelten
deshalb auch nicht als etwas Problematisches, sondern
als interessant. Und das Wiederholen von kleinen Lernschritten sieht man nicht als ein Zugeständnis an
Schwächere an, sondern als etwas für alle Selbstverständliches.

So geht auch die Grundschulpädagogik davon aus, dass Kinder gerne etwas können wollen, dass sie gerne aktiv sind und dass sie gerne etwas miteinander tun. Der Unterricht wird derart gestaltet, dass er an die Vorstellungswelt der Kinder anknüpft (man spricht von „wet learning" im Gegensatz zu ‚trockenem Stoff') und zu aktiver und gemeinsamer Erarbeitung anregt. Aber auch der Aufbau von Freundschaften gilt als wichtig, ebenso wie das Nachdenken über sich selbst und das eigene Handeln. Immer wieder ermuntert der Lehrer zur Suche nach alternativen Lösungen und zur gemeinsamen Debatte von Ergebnissen. Mit Beurteilungen hält er sich hingegen zurück, er versteht sich als eine Art ‚leeres Zentrum': „Man muss den Blick auf ihre guten Seiten lenken, ohne sie dabei vom Lob des Lehrers abhängig zu machen." Prüfungen gibt es in der Grundschule selten. Auch seine Autoritätsfunktion nimmt der Lehrer nur sehr zurückhaltend wahr. Er beteiligt die Schüler vielmehr an der Festlegung der Klassenregeln und arbeitet auf eine Selbstorganisation der Gruppe hin. Disziplinarische Aufgaben werden an wechselnde Kleingruppen delegiert, in diesen erhält jeder Schüler regelmäßig die Gelegenheit, eine Führungsrolle zu übernehmen. Innerhalb der Gruppe wird auf Konsens und Kooperation geachtet, zwischen den Gruppen dagegen ein deutlicher Wettbewerb gepflegt, wobei die Grenzen jedoch fließend sind (Motto: „Der Gegner von gestern kann heute dein Helfer sein.").

Von der siebten Klasse an wird das schulische Lernen anspruchsvoller und umfangreicher. Der Mathematikunterricht etwa ist in der Regel angelegt als ruhig fortschreitender Problemlöseunterricht mit häufig wechselnden Arbeitsformen, der vom Lehrer stark gesteuert wird, und zwar so, dass Schüler aller Leistungsniveaus aktiv an der Erarbeitung beteiligt sein können. Dies ist aber nur deshalb möglich, weil die Schüler bereits gelernt haben, sich äußerst diszipliniert zu verhalten – und weil sie bereit sind, den neuen Stoff nachmittags ausführlich zu vertiefen und zu trainieren. Insgesamt widmen japanische Kinder doppelt so viel Zeit dem schulischen Lernen wie die unsrigen – aber dazu zählen auch soziale Aktivitäten.

Gegen Ende der Mittelschulzeit gerät das Lernen allerdings zunehmend unter das Diktat beruflicher Anforderungen. Denn dieser Abschluss entscheidet darüber, welche Art von Oberschule besucht werden kann, und diese wiederum legt die zukünftigen Studien- und Berufsmöglichkeiten fest. Auswendiglernen, Konkurrenz und Prüfungen nehmen nun immer größeren Raum ein, Zielstrebigkeit und Konformismus werden begünstigt. Diese Zeit der „Prüfungshölle" wird aber auch im Lande selbst durchaus kritisch gesehen. Man ist sich darüber im klaren, dass es junge Menschen allzu schnell überfordern kann, wenn sie in der Pubertät einem derart hohen Anforderungsdruck ausgesetzt sind. In dieser Zeit kommt es denn auch zu den besagten Gewalttätigkeiten unter Schülern. Sie richten sich vor allem gegen Außenseiter, Einzelne eben, die sich den starken Normen des Gruppenlebens zu entziehen versuchen. Tatsächlich kommt die Förderung der Individualität im Land der aufgehenden Sonne aus hiesiger Perspektive wohl zu kurz – aber beklagen wir nicht andererseits bei unserer Jugend einen Mangel an sozialen Interessen und eine Verwahrlosung auf hohem Niveau? Die Berichte über japanische Rekorde in Sachen Jugendsuizid indes sind längst überholt: Die Selbstmordrate Jugendlicher war lediglich in der unmittelbaren Nachkriegszeit so hoch, ist seitdem jedoch ständig gefallen und liegt nun schon seit langem deutlich unter dem deutschen Wert (bzw. ist nur noch halb so hoch wie etwa in den USA). Und das, obwohl Selbsttötung im buddhistisch geprägten Japan weitaus positiver gesehen wird als im christlich-abendländischen Kulturraum!

Niemand wird das japanische Erziehungs- und Bildungswesen einfach nachahmen wollen. Dennoch beinhaltet es für unseren Umgang mit der Jugend gewisse Anregungen, die zu übergehen sträflich wäre.

- Würde es unseren Kindern denn schaden, wenn sie dem Lernen mehr Zeit widmen und der gegenseitigen Rücksichtnahme einen höheren Wert beimessen würden?

- Und wäre es nicht eine Wohltat für verunsicherte Lehrer, wenn die pädagogischen Meinungsführer ihnen nicht länger das Gefühl vermittelten, sie müssten „jeden Tag etwas Neues wagen", sondern sie zur Optimierung der täglichen Kleinarbeit ermuntern würden?

- Stünde es zudem unserer Gesellschaft nicht in all ihren Instanzen gut an, wenn sie dem Bildungswesen größere Beachtung und Wertschätzung schenken würde? Dem Staat, der genügend finanzielle Mittel für besser ausgebildete Lehrer bereitstellen sollte; aber auch vielen Familien, die anstelle von Zweitwagen oder Dritturlaub in interessante Lernmittel oder gemeinsame Bildungserlebnisse investieren könnten?

Schlussfolgerungen

Wer sich mit den Erziehungs- und Bildungsgewohnheiten anderer Länder auseinandersetzt, dem wird klar, wie kurzsichtig viele der gängigen bildungspolitischen Parolen hierzulande sind. Entscheidend dafür, ob Kinder und Jugendliche mehr Lernfreude und eine größere Leistungsfähigkeit entwickeln, sind nicht so sehr strukturelle Faktoren, also wie lange die Grundschule dauert oder wie viele weiterführende Schulformen es gibt. Maßgeblich scheint vielmehr zu sein, welcher Geist in den verschiedenen Häusern des Lernens waltet – und das heißt vor allem: Wie es um das pädagogische und das didaktisch-methodische Grundklima, wie es um die Beziehungen zwischen der älteren und der jüngeren Generation bestellt ist, in den Elternhäusern wie auch in den Klassenzimmern. Polemisch gesagt: Wer landesweit Gesamtschulen einführen und ansonsten alles beim (falschen) Alten lassen würde, würde gewiß den vollständigen Kollaps unserer Schulen einleiten. Hätten Eltern und auch Lehrer dagegen erst einmal ihre große innere Verunsicherung überwunden, dann könnten uns auch Gesamtschulen nicht mehr viel schaden. Insofern bindet die Gesamtschuldebatte kostbare Kräfte – Kräfte, die besser aufgehoben wären im Ringen um intelligentere Unterrichtsmethoden und gezieltere Fördermaßnahmen, vor allem aber um qualifizierte Unterstützung der elterlichen Erziehungsarbeit.

6. Eltern haben viel in der Hand!

Größere Aufmerksamkeit, stärkere Anregung, deutlichere Anleitung – bei der bisherigen Lektüre werden Sie den ein oder anderen guten Vorsatz gefasst haben. Aber wie setzt man so etwas praktisch um? Müssen Sie sich jetzt zum „Elternführerschein" anmelden, wenn Sie mehr Sicherheit im „Familienverkehr" erreichen möchten? Sollten Sie sich gar eine Super-Nanny ins Haus holen, um das Lernen Ihrer Kinder erfolgreicher zu machen?

Elternführerschein?

Eine Titelgeschichte im „Spiegel" zeigte kürzlich, dass die Palette an Elternberatern und Erziehungskursen mittlerweile breit ist, die dahinter stehenden Welt- und Menschenbilder indes recht unterschiedlich ausfallen. Die Schulungen von „Triple P" (positive parenting program) etwa wollen Mütter und Väter kurzfristig in die Lage versetzen, im Alltag mehr Konsequenz zu zeigen oder die Aggressivität ihrer Kinder einzudämmen. Sie wirkten indes ein wenig wie kühle Erziehungstechnologie, meinen Kritiker, menschliche Beziehungen würden dort wie technische Probleme behandelt. Dagegen seien Programme wie „step" (systematic training for effective parenting) oder „Starke Eltern – starke Kinder" eher längerfristig angelegt und zielten auf eine emotionale Veränderung des Gesamtsystems Familie. Hier gehe es um „Beziehungshandwerk" in einem weiteren Sinne, allerdings bestehe die Gefahr, dass die größere Beteiligung der Kinder nur die Fortsetzung einer unentschiedenen Verhandlungspädagogik mit anderen Mitteln sei. Ob und bei welchem Angebot der einzelne Ratsuchende tatsächlich Hilfe erfährt, das lässt sich allgemein wohl kaum sagen. Oft gilt auch hier die alte Schulweisheit: Auf den jeweiligen Lehrer – in diesem Fall also den Kurstrainer – kommt es an.

Viele Eltern stehen der Unterstützung durch externe Berater jedoch skeptisch gegenüber. Weil sie die Erziehungskunst nämlich als etwas höchst Privates betrachten. Und als etwas, das man können sollte, ohne es zu lernen – und das heißt auch: ohne sich von Fremden etwas sagen lassen zu müssen. In anderen Kulturen wird das anders gesehen. In Japan etwa ist niemand der Auffassung, dass Eltern schon von Natur aus perfekt erziehen könnten – also sieht es dort jede Familie als selbstverständlich an, sich Rat zu holen: Bei den eigenen Eltern, beim Kinderarzt, in staatlichen Beratungsstellen.

Erziehungssicherheit!

Dieses Buch hat einen anderen Weg beschritten. Es wollte Sie selbst auf drei mögliche Schwachpunkte in Ihrem Erziehungsalltag aufmerksam machen. Und Sie dazu anregen, anhand dieser Kernkriterien häufiger über Ihre pädagogische Haltung nachzudenken. So könnten Sie zu neuer Erziehungssicherheit finden und Ihrem Kind manche Lernsackgasse ersparen. Lassen wir noch einmal die drei Grundgedanken Revue passieren.

Mehr Rückhalt

Vielleicht haben Sie bisher ihrem Kind einfach deshalb zu wenig Aufmerksamkeit geschenkt, weil Sie der Auffassung waren, junge Menschen würden dann am ehesten selbständig, wenn man sie möglichst früh ihren eigenen Entscheidungen überlässt. In diesem Fall könnte Sie die Lektüre dieses Buches für die Einsicht gewonnen haben, dass wirkliche Eigenständigkeit nur auf einem festen Boden gedeihen kann, also ein sicheres Zugehörigkeitsgefühl voraussetzt.

Vielleicht konnten Sie aber auch deshalb nicht präsent genug für ihr Kind sein, weil Sie zu sehr mit sich selbst und Ihrer persönlichen Lebensgestaltung beschäftigt waren: den Haushalt effektiv zu führen, die berufliche Karriere zu optimieren, mehrere Hobbies auszukosten, einen neuen Partner zu finden – oder einfach nur nichts vom modernen Leben zu verpassen, vom Sport, vom Theater, vom Musikleben. In diesem Fall konnte ich Sie hoffentlich dazu verlocken, der gemeinsamen Zeit mit dem Kind einen größeren Stellenwert in Ihrem Leben einzuräumen.

Stärkere Herausforderung

Vielleicht haben Sie bisher ihrem Kind viele Probleme einfach deshalb abgenommen, weil Sie fürchteten, größere Belastungen könnten es überfordern und mutlos machen. Ihnen diese Sorge zu nehmen, war das Anliegen dieses Buches. Und Sie für den Gedanken zu gewinnen, dass das Geheimnis des Glücks die Überwindung von Widerständen ist – auch und gerade in der Erziehung.

Vielleicht neigten Sie aber auch aus anderen Gründen dazu, Ihr Kind unnötig zu entlasten: Weil Sie durch derlei „Liebesdienste" Ihre Zuneigung ausdrücken und es besonders eng an sich binden wollten. Und womöglich verbarg sich hinter mancher Verschonung auch eine Art Schuldgefühl: Weil Ihr Job ihnen doch nur so wenig Zeit für das Kind ließ; weil Sie sich von ihrem Partner getrennt hatten und dem Kind jetzt natürlich etwas fehlte – oder einfach nur, weil Sie die vage Befürchtung hatten, in der Erziehung sicher nicht alles richtig zu machen und es dafür entschädigen zu wollen. Dann ist Ihnen sicher klar geworden, dass ein schlechtes Gewissen oder gar eigene Abhängigkeitswünsche keine guten Erziehungsratgeber sind.

Selbstbewusstere Konfrontation

Vielleicht haben Sie bisher einfach deshalb darauf verzichtet, Ihrem Kind genügend erzieherische Autorität zu sein, weil Sie glaubten, Lenkung durch Erwachsene sei für die seelische Entwicklung des Kindes etwas Schädliches. Ich hoffe, ich konnte Ihnen zeigen, dass genau das Gegenteil der Fall ist: Kinder, die keine Richtung erleben, finden auch keine – zumindest keine wünschenswerte.

Vielleicht waren Sie aber auch aus anderen Gründen pädagogisch blockiert: Weil Sie glaubten, ein schlechter Erzieher zu sein, wenn Ihr Kind schrie oder unzufrieden war – nur weil es seinen Willen einmal nicht bekam. Oder weil Sie fürchteten, es nicht aushalten zu können, wenn Ihr Kind schmollte und Ihnen vorübergehend böse war – nur weil Sie in einer Auseinandersetzung eine klare Position bezogen hatten. Dann haben Sie sich vermutlich vorgenommen, solcher Verunsicherung in Zukunft nicht mehr so viel Raum zu geben.

Der kurze Rückblick zeigt noch einmal, dass es keineswegs ein Kinderspiel ist, das Erwachsensein wieder bewusster anzunehmen. Irrtümliche Auffassungen, ungünstige Lebensumstände oder auch unbewusste Motive – vieles kann das Leben mit Kindern stören. Deshalb benötigt man Zeit, um die Vielfalt des Erziehungsalltags in Ruhe zu reflektieren. Und man braucht die Bereitschaft, lieb gewordene Gewohnheiten in Frage zu stellen. Nicht zuletzt muss man stark genug sein, sich im Rückblick den ein oder anderen Erziehungsfehler einzugestehen.

Zwar lässt sich das Rad der Familiengeschichte nicht zurückdrehen – aber gewiss ein Stück weiter! Leichter fällt das natürlich im Dialog, mit dem Lebenspartner, oder mit einem Freund, der die Verhältnisse gut kennt – und sich auch traut, einen auf Misslungenes aufmerksam zu machen. Man kann solche Überlegungen überdies durch weitere Lektüre anregen, etwa durch ein vertiefendes Fachbuch zu demjenigen Aspekt, der einem am meisten Kopfzerbrechen macht. Vielleicht regen Sie ja sogar an Ihrer Schule eine Art pädagogisches Forum an, wo Eltern sich über diese Fragen austauschen können.

Für all diese „Überstunden" werden Sie zwar nicht bezahlt, die Mühe wird sich aber lohnen. Denn wenn Sie Ihrem Kind in Zukunft mehr Zeit und mehr Zumutungen gönnen, hinterlassen Sie in seinem Leben ja auch tiefere Spuren. Unter anderem sicher die, dass es die Schule besser meistern wird. Denn eines ist gewiss: Auch Ihr Kind kann mehr!

Zum Wiederfinden

Zum Weiterlesen

Adler, Alfred: Kindererziehung. (1930/1976)

Bergmann, Wolfgang: Gute Autorität. (2002)

Biddulph, Steve: Jungen! Wie sie glücklich heranwachsen. (1998)

Hüther, Gerald/Gebauer, Klaus: Kinder brauchen Wurzeln. (2002)

Gaschke, Susanne: Die Erziehungskatastrophe. Kinder brauchen starke Eltern. (2001)

Giesecke, Hermann: Wozu ist die Schule da? Die neue Rolle von Eltern und Lehrern. (1996)

Guggenbühl, Allan: Pubertät – echt ätzend. (2004)

Hänsel, Rudolf und Renate (Hrsg.): Da spiel ich nicht mit! „Unterhaltungsgewalt" in Fernsehen, Video- und Computerspielen – und was man dagegen tun kann. (2005)

Spitzer, Manfred: Vorsicht Bildschirm! (2005)

Wunsch, Albert: Die Verwöhnungsfalle. (1999)

Schule und Erziehung

Christina Buchner
Schulerfolg ist machbar
Gute Leistungen in der Grundschule
Band 5355
Wie man lernt, das wird in den ersten Grundschuljahren festgelegt. Unter- und Überforderung vermeiden. Darum geht es.

Kurt Schreiner
Schulerfolg
Was Eltern tun können
Band 5682
Nur wenn Eltern und Schule an einem Strang ziehen, kann Schule für Kinder gelingen: Anforderungen stellen, Grenzen setzen, Klärung bei Missverständnissen. Und bei Schwierigkeiten sofort Schritte einleiten.

Roswitha Defersdorf
Ach, so geht das!
Wie Eltern Lernstörungen begegnen können
Band 4955
Damit die Lust am Lernen nicht zum Frust wird: Erprobte Hinweise, wie Eltern ihrem Kind helfen können, Lernblockaden abzubauen.

Margot Käßmann
Erziehen als Herausforderung
Band 5197
Die evangelische Bischöfin und Mutter von vier Kindern gibt ihre eigenen Erfahrungen weiter: Anregungen für eine Erziehung, in der auch Spiritualität eine Rolle spielt.

Renate Feuerlein
Du schaffst es
Erfolgreich lernen mit Kinesiologie
Band 5430
Neue Erkenntnisse aus der Hirnforschung: Lernen kann Spaß machen! Einfache Bewegungen und Übungen helfen Kindern, erfolgreich und mit Freude zu lernen.

HERDER spektrum

Thomas Grüner
Was Kinder stark und glücklich macht
Die kleine Elternschule
Band 5440

Orientierung, Bindung, Einflussmöglichkeiten, Spaß und Anerkennung: Wie Eltern diese Dinge in eine gute Balance bringen, ohne sich selbst hintan zu stellen, zeigt der erfahrene Psychologe.

Rudolf Dreikurs/Loren Grey
Kinder lernen aus den Folgen
Wie man sich Schimpfen und Strafen sparen kann
Band 4884

Konsequentes und vernünftiges Handeln von Seiten der Eltern verhilft Kindern frühzeitig dazu, eigenständige Erfahrungen zu sammeln und mit der Freiheit richtig umzugehen.

Dietrich Kayser
Erziehen ist C.H.E.F-Sache
In schwierigen Situationen souverän reagieren
Band 5466

C. = Charakterisieren des Verhaltens; H. = Hinweisen auf die Auswirkungen; E. = Erwartungen klar aussprechen; F. = Folgen aufzeigen. Die C.H.E.F.-Methode vermittelt die Fähigkeit, konsequent, zielorientiert – und sensibel auf Kinder und Heranwachsende zuzugehen.

Jesper Juul
Aus Erziehung wird Beziehung
Authentische Eltern – kompetente Kinder
Band 5533

Kinder auf eine sensiblere Art sehen und ernst nehmen und störendes Verhalten in Botschaften übersetzen: Das führt zu Autorität auf der Basis von Achtung, Verantwortung und gegenseitigem Respekt.

Elisa Diekemper/Uta Reimann-Höhn
Rituale geben Sicherheit
Wie Kinder Vertrauen gewinnen
Band 4939

Wie Trennungsängste, Krankheit, Schulangst, Bewegungsunlust, Hyperaktivität, Essprobleme oder Einschlafschwierigkeiten mit Ritualen bewältigt werden können.

HERDER spektrum